빛을 알면 조명 인테리어가 쉬워진다

빛을 알면 조명 인테리어가 쉬워진다

김태두 지음

좋은땅

머리말

공간에 대한 이해, 섬세한 디테일, 감각적인 색채 선정, 새로운 기술이나 기법의 과감한 시도-우리나라의 실내 인테리어 디자이너나 건축 설계사들의 디자인 실력은 입이 떡 벌어질 수준이다. 다른 선진국과 비교해도 세계 최고 실력이라 해도 손색이 없다.

단 하나 아쉬운 것은 '조명', 조명 인테리어에 대한 이해는 많이 아쉽다. 천만 원짜리, 1억 원짜리, 10억 원짜리 인테리어 공사를 각각 비교해 봐도 조명에 대한 설계 방식은 큰 차이가 보이지 않는다. 당장 인터넷에 검색만 해봐도 시골 촌집의 조명 인테리어나 서울의 아크로서울포레스트 같은 고급 아파트의 조명 인테리어나 디테일하게 들여다보면 큰 차이가 없다는 말이다. 이는 조명을 설계하거나 시공의 책임이 있는 디자이너가 '빛에 대한 이해' 없이 조명을 설계하기 때문이다.

조명 인테리어가 중요하다고는 하는데 도대체 어떻게 해야 하는지, 명확하게 그리고 알기 쉽게 설명해 주는 곳이 별로 없다. 어떤 조명 제품이 예쁘고 공간에서 어떻게 디스플레이해야 예쁜지 알려 주는 콘텐츠는 많다. 그런데 조명에서 나오는 빛이 무엇이고 그 빛을 어떻게 다루어야 하는지 알려 주는 콘텐츠는 거의 없다. 정작 빛이 무엇인지 잘 모르면서 조명 인테리어를 했다고 할 수 있을까? 우리가 빛을 이해하기 어렵고 빛의 중요성을 간과해 왔던 이유는 빛이 눈에 직접적으로 보이는 요소가 아니기 때문이다.

이 책에서는 빛이란 어떤 것이고 그 빛이 당신에게 어떤 영향을 미치는지를 소개한다. 이어서 당신의 공간에 어떤 빛을 드리워야 하는지에 대한 가이드를 제시한다. 조명 인테리어를 하고 싶은데 어디서부터 어떻게 해야 하는지 잘 모르는 사람, 인테리어 공사를 진행 중인데 어떤 조명을 어떻게 배치해야 하는지 고민인 사람, 저렴한 비용으로 최대의 인테리어 효과를 내고 싶은 사람, 조명 인테리어 방법론을 알고 싶은 관련 업계 종사자 등이 이 책을 읽는다면 분명 많은 도움이 될 것이라 생각한다.

이 책은 총 5개의 챕터로 구성되어 있다.

1부 빛에 대한 소개, 2부 조명의 변천사, 3부 조명 인테리어의 개념 짚기

총 3부에 걸쳐 빛에 관해 알아둘 필요가 있는 배경 지식이나 담론이 실려 있다. 이 부분이 지루하다 하여 건너뛴다면 이 책을 읽지 않은 것과 마찬가지다. 조명 인테리어를 어떻게 해야 하는지가 중요한 게 아니라 조명 인테리어를 왜 해야 하는지가 더 중요하기 때문이다.

4부 조명 설계를 위한 기초 지식, 5부 실제적인 조명 설계 과정

4부와 5부에서는 본격적인 조명 설계 과정으로 실제 조명 설계 전문가가 사용하는 프로그램의 이미지를 예시로 사용하였다. 조명의 기초, 기획, 설계, 시공, 사후 관리의 과정을 시간순으로 따라가며 독자의 이해를 높이도록 내용을 구성하였다.

불과 1세기 전만 해도 조명에서 나오는 불빛은 상당히 '귀한 빛'이었다. 켜고 싶다고 아무 때나 켤 수 없었고 특별한 날 정도에나 불을 키던 때가 있었다. 지금은 언제든지 원하는 밝기로 마음껏 조명을 켤 수 있는 세상이 되었다. 그렇다고 아무 때나 아무런 밝기로 켜도 된다는 뜻은 아니라는 걸 알아야 한다.

이제 당신에게 빛의 이야기를 들려 주려 한다.

목차

머리말 • 4

1부 빛과 인간

1장 인류에게 특별한 2가지 색상-붉은색과 파란색 • 10
2장 자연광은 거대한 조명이다 • 13
3장 명암이라는 특수한 물감 • 16

2부 조명이 바꾼 우리의 밤과 일상

4장 불과 인간 • 26
5장 형광등으로 시작된 새로운 밤 • 30
6장 LED조명, 장점만큼 분명한 단점들 • 37

3부 조명 인테리어 개념 바로잡기

7장 빛공해: 잘못된 조명이 건강에 미치는 영향 • 44
8장 인테리어는 예쁘게 만드는 것이 전부가 아니다 • 47
9장 인간을 위한 조명이 필요하다 • 54
10장 우리는 좋은 디자인을 경험해 본 적이 없다 • 59
11장 적은 예산으로도 가능한 조명 인테리어 • 63

4부 조명 설계 기초 지식

- **12장** 상황별 조명 인테리어 방법 • 68
- **13장** 조명 설계 의뢰 vs 셀프 설계 • 73
- **14장** 조명기구의 종류 • 76
- **15장** 조명 관련 필수 용어 • 81

5부 단계별 조명 인테리어 따라가기

- **16장** 기초 분석 및 조사 단계 • 84
- **17장** 조명 인테리어 컨셉 잡기 • 87
- **18장** 거실·식당·주방(LDK) 조명 설계 • 89
- **19장** 호텔 같은 조명을 만드는 법 • 92
- **20장** 다운라이트 선택 가이드 • 98
- **21장** 작업 영역에서 중요한 측정 단위-조도(lux)와 보수율의 이해 • 104
- **22장** 소파 쪽 조명은 여러 가지 고려해야 할 요소가 많다 • 118
- **23장** 수직면 조명 • 126
- **24장** 활용도가 많은 식탁 조명 • 130
- **25장** TV 시청과 현관 공간의 조명 포인트 • 136
- **26장** 침실의 조명은 낮은 색온도로 • 153
- **27장** 아이들 방의 조명은 이것이 달라야 한다 • 165
- **28장** 욕실과 발코니 조명 • 177
- **29장** 자연광까지 고려한 조명계획 • 184
- **30장** 조명 시공 및 유지보수 • 194
- **31장** 그 밖에 고려해야 할 조명 설계 • 198

맺음말 • 201

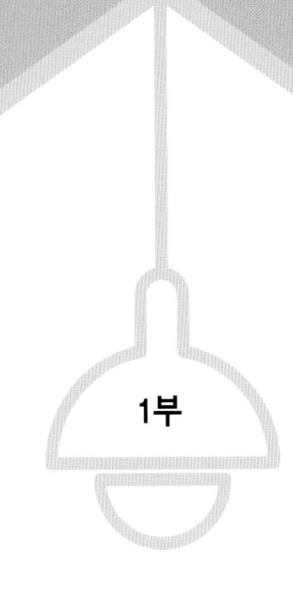

1부

빛과 인간

1장
인류에게 특별한 2가지 색상-붉은색과 파란색

붉은색과 파란색은 인류에게 여러 가지 의미로 특별한 색상이다. 지구상의 포유류는 대부분 붉은색을 감지하는 원추세포를 갖고 있지 않다. 그런데 영장류(인간을 포함한 인간과 가장 가까운 부류)는 붉은색을 감지할 수 있고 유독 붉은색에 민감하게 반응하는 눈 구조를 가지고 있다. 덕분에 과일을 주식으로 하는 영장류는 온통 녹색으로 뒤덮인 숲에서 잘 익은 붉은색의 과일을 구분할 수 있었다. 붉은색을 감지하는 능력덕에 사냥감이 흘린 붉은색 피를 보고 추적을 할 수 있었고, 동료가 흘린 피를 보고 부상을 당했음을 단번에 알아차릴 수 있었으므로 단체 생존에 특히 유리할 수 있었다. 붉은색은 인간에게 동물적 본능을 일으키는 특별한 색이자 생존과 밀접한 관련이 있는 색이었다.

많은 사람이 파란색을 선호한다. 파란 하늘은 낮 시간에 쉽게 볼 수 있는 색이며, 밝은 햇빛과 함께 삶의 활동을 영위해 나간다. 다만 하늘이 파란 이유는 대기의 빛 산란 때문이지, 실제로 파란색인 것은 아니다. 게다가 자연계에서 파란색은 의외로 보기 힘든 색이다. 파란색의 식물이나 동물이 아예 없는 것은 아니지만 매우 드물게 존재한다. 그리고 지금은 파란색의 염료를 쉽게 얻어 사용할 수 있지만, 역사적으로 파란색의 염료는 매우 귀한 색 중에 하나였고, 또 심미적으로도 매력적인 색이었다.

보색 대비표에서 반대편에 서 있는 빨강과 파랑, 이 두 색상은 실생활에서도 대척점에 있는 색상이다. 남성성의 상징을 파란색이라면 여성성의 상징은 빨간색을 주로 사용했다. 주식 차트에서는 파란색을 상승의 지표로 빨간색을 하락의 지표로 표기한다. 이념 논리에서 빨간색은 공산주의의 상징으로 사용되어 왔다면 자유주의에서는 파란색을 상징으로 사용했다. 우리나라에서도 양대 정당의 상징적인 색으로 파란색과 빨간색을 사용하고 있다. 동양에서 오래전부터 즐겨 사용하던 태극무늬는 빨간색과 파란색이 대척점을 이루는 모양으로 생겼는데, 우리나라의 국기에도 사용되고 있다. 그리고 색상은 아니지만 우리가 빨강과 파랑을 좋아하는 또 한 가지가 있다. 그것은 붉은 색온도의 조명과 푸른 색온도의 조명이다.

-당신은 어떤 색상을 좋아하시나요?-

2장
자연광은 거대한 조명이다

먼 곳에 있는 태양으로부터 지구에 쏟아지는 밝은 햇빛 아래서 우리는 활발한 생명 활동을 이어간다. 우리 몸의 생체시계는 이 밝은 빛을 느낌과 동시에 깨어나 활동한다. 다시 빛이 적어지는 밤이 되면 활동을 잠시 멈추고 휴식을 취하도록 몸 안에 프로그램되어 있다. 낮 시간의 밝은 빛은 주변 사물을 잘 식별할 수 있는 조명으로서의 역할이 되어 주고, 동식물들에게는 필요한 영양분을 공급해 준다. 지구에서 햇빛은 없어서는 안 될 중요한 자원이다.

자연광의 빛은 표현할 수 있는 색상의 범위가 넓기 때문에 우리가 보는 풍경을 다채로운 색상으로 표현해 준다. 빛의 특성 중 '연색성'이란 개념은, 같은 사물에서 보여지는 색상이 빛 환경에 따라 다른 색으로 보여질 수 있다는 걸 알려 준다. 예를 들면 낮에 밖에서 입었던 원피스가 밝은 계열의 붉은 색상으로 보였었는데, 집에 와서 형광등 조명의 빛 환경에서 다시 보면 어두운 계열의 붉은 색상으로 달라 보이기도 한다. 이는 사물에서 보여지는 색상이 절대적인 색상이 아님을 뜻한다. 그럼에도 불구하고 어떤 분야에서 절대적인 색상 기준이 필요할 경우에는, 햇빛 아래서 본 색상을 기준으로 하곤 한다. 왜냐하면 햇빛은 어디에나 풍부하게 존재하면서도 누구나가 같이 공유하고 있는 빛이기 때문이다. 그리고 색상의 표현 범위가 가장 넓은 빛이기 때문이다. 하지만 햇빛이 절대적인 기준은 아니라는 것을 분명 기억해야 한다.

조명기구를 구입할 때 많이 들어보았을 단어가 '주광색(晝光色)'조명이다. 단어에서 알 수 있듯이 한낮의 푸른빛 하늘과 닮은 색온도의 조명이다. 한낮의 햇빛은 색온도가 높기 때문에 낮에도 조명을 켜고 근무하는 사무실이나 공장의 조명은 주광색 조명으로 선택하는 것이 좋다. 한낮의 창문으로 들어오는 햇빛과 비슷한 색온도의 조명을 사용해야 공간의 빛이 어색하지 않기 때문이다. 주광색 조명과 함께 많이 사용하는 조명은 '전구색' 조명이다. 지금은 많이 사용하지 않는 백열전구의 불그스름한 색상과 같아서 전구색이라고 부른다.

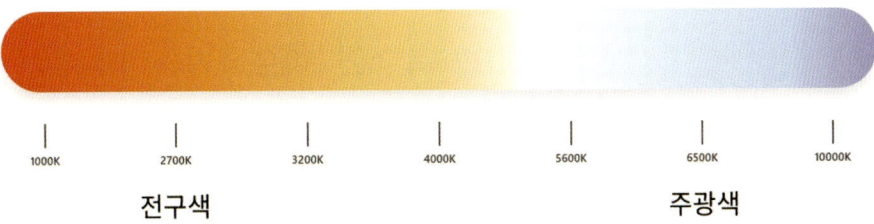

색온도는 광원의 색을 절대온도를 이용해 숫자로 표기한 것으로 단위는 켈빈(K)으로 표기한다.

-주광색 조명은 낮 시간의 하늘의 빛과 닮은 색입니다.-

3장
명암이라는 특수한 물감

우리가 맑은 날 기분이 좋다고 느끼는 이유 중 하나는, 맑게 갠 푸른빛 하늘을 감상할 수 있기 때문이다. 푸른색의 하늘빛은 쾌적함, 청량감, 집중, 안정감, 시원함, 서늘함, 청결함, 신뢰, 자유로움 같은 감정을 떠올리게 한다. 밝은 빛 덕분에 멀리 있는 사물까지 또렷이 보이기 때문에 시야가 탁 트인 느낌도 든다. 그리고 연색성의 개념에서 설명했듯, 자연광은 여러 색상을 다채롭게 보여 줌으로써 우리의 눈을 즐겁게 만든다. 햇빛처럼 작은 광원은 물체의 표면에 반사되어 작은 반짝임을 많이 만들어 내는데, 이 또한 시각적인 즐거움을 주는 요소다.

흐린 날 울적한 기분이 드는 이유는 위와는 반대일 것이다. 회색 구름이 가득한 하늘은 중립적이고 무미건조한 느낌을 주며, 다르게 표현하면 다소 지루한 인상을 준다. 맑은 날보다 시야는 제한되고, 구름에 의해 일부 스펙트럼의 빛만 지표면에 도달하므로 색 표현력도 약해진다. 또한 구름처럼 넓은 면적을 가진 광원은 반짝이는 요소를 거의 만들어내지 못한다.

맑은 날과 흐린 날의 가장 결정적인 차이는 바로 "명암"의 차이다. 맑은 날은 직사광에 의해 물체 뒤로 선명한 그림자가 생기기 때문에 입체감이 뚜렷하다. 즉, 명암 대비가 뚜렷하다. 반면 흐린 날은 구름이라는 넓은 광원이 빛을 분산시키기 때문에 그림자가 흐릿하고, 결과적으로 풍경이 평면적으로 보인다. 즉, 명암 대비가 흐릿하다.

맑은 날

흐린 날

▶ 사진을 보정하거나 그래픽, 인쇄 작업을 업으로 삼고 있다면 "계조"(Gradation)의 중요성을 잘 알고 있을 것이다. 계조는 가장 밝은 톤에서 가장 어두운 톤까지의 밝기 변화 단계를 말하며, 이미지에 부드러운 입체감과 깊이를 부여한다.

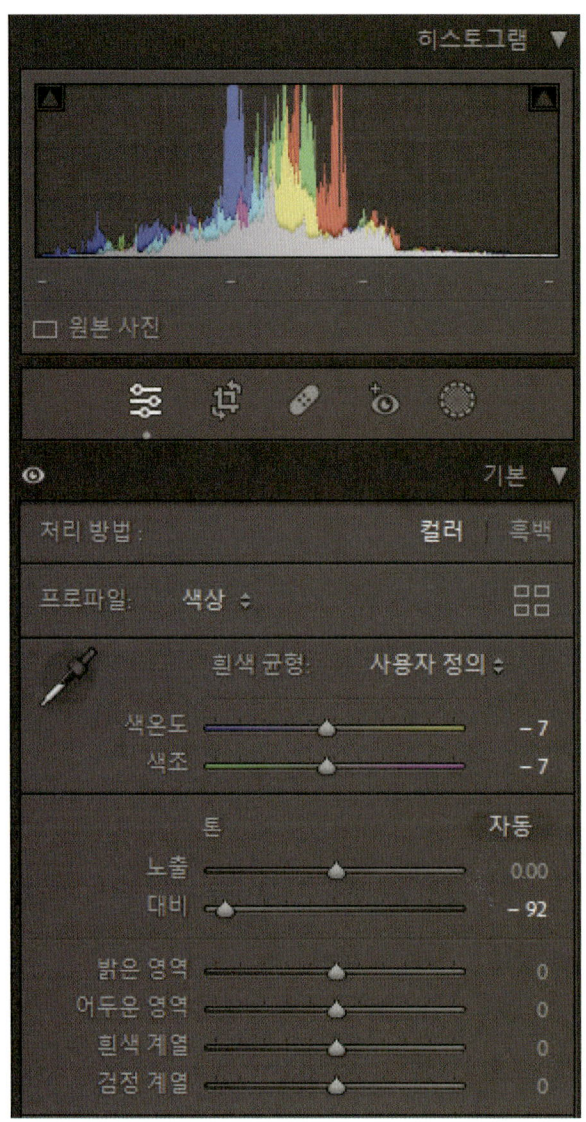

▶ 사진 조명이나 방송 조명을 다뤄보았다면 "콘트라스트"(Contrast)의 개념을 익혔을 것이다. 콘트라스트는 밝고 어두운 영역 간의 상대적 차이를 의미하며, 하드라이트와 소프트라이트를 구분하는 데 중요한 요소다. 맑은 날 햇빛처럼 밝고 작으며 멀리 떨어진 광원(하드라이트)은 그림자를 선명하게 만들어 높은 콘트라스트를 형성한다. 반면 흐린 날의 구름처럼 넓은 광원(소프트라이트)은 그림자를 부드럽게 만들어 낮은 콘트라스트를 형성한다.

강한 콘트라스트

약한 콘트라스트

▶ 미술을 처음 배울 땐 보통 아래 사진과 같은 구 형태를 관찰하며 스케치를 하는 것으로 시작한다. 이때 중요한 것은 물체의 밝은 부분과 어두운 부분을 관찰하면서 "명도"의 감각을 익히는 것이다. 색의 세 가지 속성은 명도, 채도, 색상인데, 실제 회화에서는 색상보다 채도가 중요하고, 채도보다 명도가 더 중요하게 작용한다. 어떤 색을 사용할지에 대한 결정도 중요하지만, 어떤 부분에 어떻게 농담(濃淡)을 표현할지가 더 중요하다.

그래픽, 인쇄, 사진, 연출 조명, 회화 등 누군가에게 보여지기 위한 작업물은 공통적으로 밝기와 어두움을 적절히 조절하는 스킬이 요구된다. 왜냐하면 이들 작업물을 관람할 관객이 밝음과 어두움이라는 요소에 민감하게 반응하기 때문이다.

▶ 명암은 대상의 형태와 깊이감을 시각적으로 인식하게 하는 핵심적인 요소다. 이는 단순히 미적인 요소를 넘어서, 인간 생존과도 깊은 관련이 있다. 원시 인류는 지형 지물의 명암을 인식하여 빠르게 형태를 파악함으로써 생존 확률을 높였다. 적으로부터 숨을 곳을 찾거나 높은 곳에서 떨어지지 않도록 지형을 분석할 수 있었고, 상위 포식자를 재빨리 파악하고 도망치는 데에도 명암 분석 능력이 중요했다.

▶ 원시 인류에게 밝은 장소의 의미는, 먹잇감을 찾기에 유리한 장소이다. 하지만 반대로 생각하면 상위 포식자에게 자신의 위치를 노출시킬 수 있기에 위험한 장소라는 양면성이 존재한다. 반대로 어두운 장소의 의미는, 먹잇감을 찾는 데는 어려움이 있지만 반대로 생각하면 상위 포식자에게 자신의 위치를 숨길 수 있는 안전한 장소라는 양면성이 존재한다. 밝은 곳과 어두운 곳을 각각 볼 때 느끼는 우리의 감정은 생각보다 단순하지 않다.

▶ 우리의 눈에는 색상을 인식하는 추상체와 명암을 인식하는 간상체가 있다. 이 중 간상체가 먼저 동작하며 더 발달되어 있다. 명암을 분석하는 능력이 생존에 더 밀접한 관련이 있었기 때문으로 보인다. 실제로 스트루프 효과(Stroop Effect) 실험에서 우리의 뇌는 색상보다 명암에 더 빠르게 반응하는 경향을 보인다는 연구 결과가 있다.

오늘날 인류가 먹이사슬의 최상위에 위치하게 되었음에도 불구하고, 여전히 우리는 명암이라는 요소에 기민하게 반응하고 있다.

태양은 하루 중 고도를 달리하면서 지구라는 도화지에 다양한 명암을 그려준다. 낮에 태양에 의해 생기는 명암은 대상의 입체감을 파악할 수 있는 정도의 명암이다. 일출 직후와 일몰 직후의 하늘은 여러가지 다채로운 색의 빛으로 물드는데, 짧은 순간 펼쳐지는 이 드라마 같은 시간을 '골든아워'라고 부르기도 한다. 하루 중 골든아워가 빛으로 그림을 그리는 공연의 하이라이트인 이유는, 태양의 고도가 낮기에 사물의 그림자가 크게 드리우면서 풍부한 농담을 표현하기 때문이다. 그리고 또 한 가지 이유는 해가 수평선에 걸렸을 때 하늘이 검붉은 빛으로 물들기 때문이다. 많은 사람들이 푸른 하늘과 같은 주광색의 빛도 좋아하지만 불그스름한 전구색의 빛도 좋아한다. 그 이유는 불그스름한 하늘빛에서 뭔가 더 특별함을 느끼기 때문이다.

일몰

-우리는 명암에 대해 굉장히 민감하고 예민하게 반응하지만
평소 명암의 존재를 의식하지 않습니다. 이것은 마치 끊임없이 숨을 쉬면서도
숨 쉬는 행위를 의식하지 않는 것과 같습니다.-

2부

조명이 바꾼
우리의 밤과 일상

4장

불과 인간

한때 캠핑 애호가들 사이에서 불멍이 인기를 끈 적이 있다. 타는 불꽃의 강렬함은 시선을 집중시키고 잡생각을 잊게 함으로써 명상의 효과를 준다. 또 불꽃을 보고 있노라면 묘한 신비감이 들기도 하는데, 종교적 의식에 불이 많이 사용되는 이유이기도 하다.

인류가 다룰 수 있기 전에 불은 거대한 자연재해를 일으키는 두려움의 대상이었다. 불을 다룰 수 있게 되면서 모닥불을 즐겨 피우기 시작했다. 모닥불은 요리를 할 때 음식을 익혀 주고, 몸을 따뜻하게 해 주고, 짐승으로부터의 습격을 보호해 주고, 도구를 제조하거나 신앙 의식에 사용되는 등 여러 용도로 사용되었다. 이처럼 불의 사용은 인류 문명에 많은 변화를 가져온 도구였다. 모닥불이 가진 또 하나의 중요한 역할은, 주위에 모여 있는 사람들 간의 사회적 상호작용에 도움을 주는 역할이다.

모닥불의 낮은 색온도(불그스름한 색)의 따스한 빛은 심리적 안정감을 주고 편안함을 느끼게 해 주는 효과가 있다. 이런 효과로 인해 편안한 상태에서 서로 의견을 나누거나 깊이 있는 대화가 가능하게 해 준다. 커뮤니케이션을 형성할 때 중요한 요소 중에 하나가 마주 앉은 사람의 얼굴 표정을 보면서 나누는 대화다. 모닥불에서 나온 붉은빛의 조명은 사람의 얼굴에 혈색이 도는 것처럼 보여 주어 생기 있어 보이는 얼굴을 만들어 준다. 그리고 얼굴을 더 건강하고 따뜻하며 친근하게 보여 주는 효과를 준다. 또한 모닥불의 약간 어두침침한 밝기는 사람의 얼굴에 명암을 그려주어 표정을 더 확실하게 보여 준다. 그야말로 커뮤니케이션에 있어서 최적의 조명이라 할 수 있다. 어쩌면 원시 인류가 끈끈한 공동체 생활을 유지하면서 최후까지 살아남을 수 있었던 배경에는, 모닥불이라는 괜찮은 커뮤니케이션 보조 도구가 있었기 때문이라 생각한다.

인간에게 붉은색의 불이라는 존재는 특별하다. 인류의 생존에 많은 도움이 되면서도 동물적 본능을 일깨우는 색인 **붉은색이 주는 느낌**(혈액, 생명, 사랑, 폭력 등)과, 원시 인류의 생존의 필수 도구였던 **불이 주는 느낌**(두려움과 호기심, 따뜻함, 편안함, 몰입, 신비로운 느낌, 경외감, 파괴, 역동성, 예술적 영감 등)을 동시에 느끼도록 해 주는 붉은색의 불은, 우리의 가슴에 다양한 정서를 불러일으키는 '상징적인 존재'이다. 잠깐의 골든 아워에 하늘이 그려내는 붉은빛의 공연을 보면서 무언가 가슴이 웅장해지는 기분이 느껴지지 않는가? 그것은 아마도 붉은색의 불이라는 존재가 불러일으키는 다양한 감정들이 순식간에 우리의 마음속에 파도처럼 휘몰아치기 때문인 것 같다.

  문명의 발달과 함께 모닥불이 해왔던 역할은 세분화되거나 축소되고 있다. 주거 형태가 개선되면서 짐승들의 침입을 막는 역할은 건물이 대신하고 있고, 난방과 요리에 사용하던 불의 역할은, 점차 사용하기 편리하게 개선되어 왔다. 오늘날에는 전기밥솥에 밥을 짓고, 전기 인덕션에 요리를 하고, 전기로 난방을 하고, 전기를 사용하는 조명을 사용하면서 불이 하던 역할을 전기라는 대체제가 하나씩 자리를 채워 가고 있다.

  촛불, 기름램프(동물 기름이나 식물 기름을 연료로 사용), 가스램프 등은 19세기 초반까지 널리 사용되던 조명으로 직접 불꽃을 피우는 방식이었다. 19세기 후반에 발명된 전구(백열등)는 최초의 전기를 사용하는 조명으로 사람들은 보다 편리하게 조명을 사용할 수 있게 되었다. 이제는 불을 직접 피우는 대신 전기를 사용하는 조명으로 대체되어 버렸다. 인류의 중요한 발명품 중의 하나가 불의 사용인데 요즘은 불을 보기가 점점 어려워지고 있다. 물론 전기도 화재나 감전의 위험이 있다지만 불보다 다루기 쉽고 안전하기 때문에 전기로 대체되는 것이 나쁘다고 말할 수 없다. 다만 한 가지 아쉬운 것은 인류가 오랜 기간 불을 보거나 다루면서 느껴왔던 '다양한 정서적인 부분'들까지 같이 없어지고 있다는 사실이다. 특히 형광등이라는 조명이 개발되면서부터….

-눈앞에 타오르는 불꽃을 보고 있으면 당신은 어떤 느낌이 드나요?-

5장

형광등으로 시작된 새로운 밤

20세기 중반에 발명되어 보급되기 시작한 형광등(한국은 20세기 후반쯤부터 보급)은 이전에 사용하던 백열등보다 전기 효율이 훨씬 좋았다. 형광등이 백열등과 다른 또 한 가지가 있다면 '색온도가 높은 조명제품'을 생산할 수 있게 되었다는 것이다. 형광등 이전에 사용하던 인공조명들(모닥불, 촛불, 기름램프, 가스램프, 백열전구)은 모두 색온도가 낮은 조명이었다.

형광등이라는 높은 색온도의 조명은, 마치 한낮에 높게 떠있는 태양과 닮은 점이 많다.

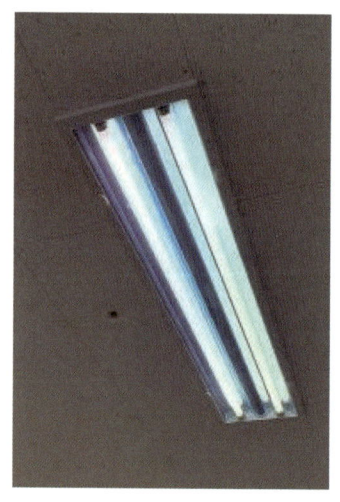

형광등

	형광등, 색온도가 높은 LED조명	모닥불, 백열전구, 색온도가 낮은 LED조명
색온도	높다, 푸르스름한색	낮다, 불그스름한색
밝기	상대적으로 밝다.	상대적으로 어둡다.
생체리듬	각성효과를 일으켜 몸의 활력을 불어 넣어 준다.	우리 몸에 멜라토닌 분비를 촉진시켜 건강한 수면을 돕는다.

연색성	상대적으로 연색성이 높다. 다채로운 색깔을 구분 가능하게 해 준다.	상대적으로 연색성이 낮다. 색상을 왜곡시키는 경우가 많다.
색온도가 주는 느낌	쾌적함, 청량감, 집중, 안정감, 시원함, 서늘함, 청결함, 신뢰, 자유로움	두려움과 호기심, 따뜻함, 편안함, 몰입, 신비로운 느낌, 경외감, 파괴, 역동성, 예술적 영감
기능	주로 밝고 색상 구분이 우수하기 때문에 활동적인 기능이 이루어지는 공간이나, 작업조명으로 적합하다.	따스한 색감의 빛이 긴장을 풀어주고 편안한 느낌을 준다. 은은한 분위기가 필요한 공간이나 휴식공간의 조명으로 적합하다. 커뮤니케이션이 주로 필요한 공간의 조명으로도 적합하다.

{표5-1}

표5-1을 보면 형광등은 같이 색온도가 높은 조명은 낮은 색온도의 조명과 비교하여 에너지 효율이 조금 더 좋고, 색상이 선명하다. (형광등은 사실 연색성이 나쁘고 이후에 개발된 LED조명은 연색성이 우수하다) 또한 밝고 푸른빛을 내보내기 때문에 사람에게 각성 효과를 일으킨다. 형광등은 처음엔 공장이나 사무실, 상점에서 주로 사용되다가 나중에는 가정집에서도 많이 사용하게 되었다. 원시시대부터 수만 년 이상 사용되어 오던 가정집의 조명(낮은 색온도의 조명)을 슬며시 밀어내고 말이다. 효율과 기능을 우선으로 하는 현대 사회로 오면서 어쩌면 당연한 수순이었는지는 몰라도, 그 일이 훗날 어떤 결과를 가져올지는 아무도 관심이 없었다.

가정집의 밤 조명으로 낮 시간 햇빛과 닮은 형광등을 사용한다면 여러 가지 부작용이 생긴다.

▶ 우리의 신체가 밤 시간 내내 형광등의 밝은 빛에 노출된다면 각성 효과를 일으키기 때문에 집에서 제대로 된 휴식을 취하기가 어려워진다.
▶ 효율과 기능을 중시하는 현대 사회는 최소한의 조명으로 최대한의 조명 효과를 내는 설계 방식을 선호한다. 방 중앙에 조명 1개를 달아 공간 전체를 조명하는 '1실1등' 방식의 조명 설계는, 빛이 균일하게 공간 전체로 도달하기 때문에 에너지 효율

면에서는 효율적이다. 하지만 이런 방식의 조명은 앞서 예시를 들었던 흐린 날의 빛의 환경과 비슷한 연출이 되어 버린다. 공간의 명암이 거의 없어지므로 우리 눈에는 공간이 밋밋하게 보여진다. 그리고 이러한 공간에서 계속 있게 되면 우리의 기분도 울적한 상태에 빠지게 된다.

디자이너 토마스 헤더윅은 저서 《더 인간적인 건축》한진이 역, 알에이치코리아에서 단순하고 획일적인 건축물이 도시의 미관을 해치고 시민들의 정서에도 부정적인 영향을 줄 수 있다고 지적한다. 인간은 자연 속에서 변화에 적응하며 살아왔기 때문에, 지나치게 밋밋한 환경을 비정상적인 상황으로 받아들이고 스트레스를 느끼게 된다는 것이다. 이런 밋밋하고 따분한 공간에 놓이면 피부에서 자율신경 각성 스트레스 반응을 일으키고, 스트레스를 받을 때 분비되는 호르몬인 코르티솔 수치가 폭발적으로 증가된다는 연구 결과가 있다. 『Scientific American』에 실린 연구 결과에 의하면 따분함은 우울증, 불안, 약물 중독, 알코올 중독, 강박적 도박, 섭식 장애, 적대감,

분노, 사회성 저하, 성적 부진, 업무 성과 저하 등의 확률을 높인다고 한다.

현대인들은 실외보다 실내 공간에서 많은 시간을 보내기 때문에 하루 중 잠시 보게 되는 지루한 도시 경관보다는 실내 환경의 디자인 요소에 더 많은 영향을 받는다. 1실1등 방식의 조명 설계로 인한 공간의 밋밋한 빛 연출은, 우리의 무의식에 부정적인 감정을 불러일으키는 원인이 된다.

▶ 형광등과 같은 높은 색온도의 빛 환경에 노출되면서 오랜 세월 각인된 몸의 생체시계가 교란된다는 연구 결과가 있다. 우리의 몸은 수면 시간에 잠에 드는 것을 돕기 위해 멜라토닌이라는 호르몬을 분비한다. 이 호르몬은 어둡고 낮은 색온도의 빛 환경에서 잘 분비가 되도록 우리 몸에 설계되어 있다. 매일 한번씩 자전을 하면서 바뀌는 지구의 빛 환경에 오랜 세월 인간이 적응하면서 새겨진 몸의 시스템인 것이다. 그런데 잠들기 전까지 형광등의 높은 색온도의 빛에 노출된다면 멜라토닌의 분

비가 원활하지 않게 되고 제시간에 잠에 들지 못하게 되어 버린다. 많은 현대인들이 불면증을 겪고 있는 원인은 이 때문은 아닐까?

▶ 그리고 가장 큰 문제는 모닥불 시절부터 조명이 해오던 역할인 <u>커뮤니케이션 기능</u>을 '<u>상실</u>'했다는 것이다. 형광등의 푸른색 불빛은 밝고 시원해 보일지는 몰라도 따뜻하고 편안한 느낌과는 거리가 먼 색이다. 항상 각성 상태에 있기 때문에 형광등 빛 아래서는 마음속에 있는 깊은 대화를 하기 어렵게 만든다. 대화를 하는 상대의 얼굴을 핏기 없는 창백한 낯빛으로 만들기 때문에 좋은 인상을 주지 못한다. 빛이 밝고 선명하기에 얼굴은 잘 보일지 몰라도 명암 없는 얼굴로 인해 상대의 표정을 읽기가 쉽지 않다.

집 조명으로 형광등을 사용하는 사람들 대부분은 형광등이 본래 푸르스름한 색의 빛이라는 것을 모르는 사람이 많다. 카메라를 다루어 보았다면 '화이트 밸런스'라는 단어를 들어 보았을 것이다.

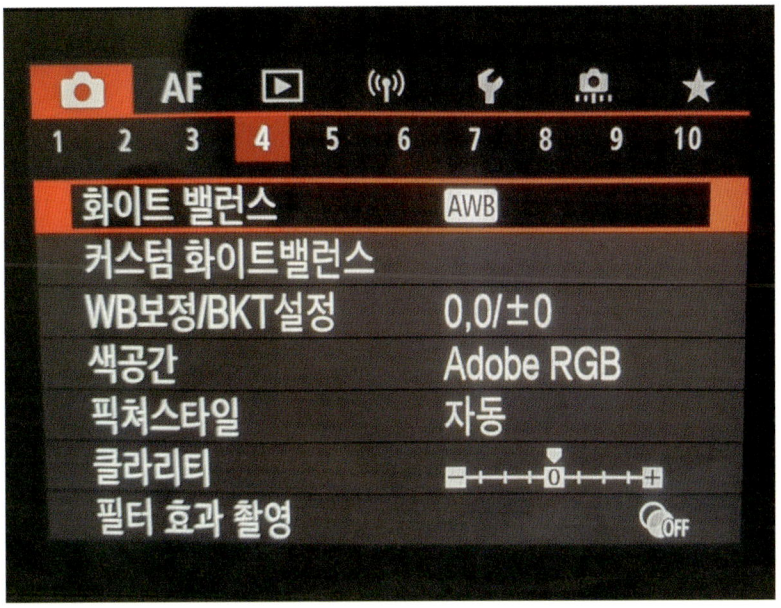

화이트 밸런스가 자동으로 설정된 카메라의 경우 주변의 상황을 판단하여 가장 흰색에 가까운 색상을 찾아내어 이에 맞게 색 균형을 조정해 준다. 우리 눈에서도 비슷한 일이 발생한다. 푸른빛의 형광등 조명 아래 계속 있게 되면 망막의 원추세포와 뇌의 시각처리 과정을 통해 색 균형을 자동으로 보정해 주기 때문에, 마치 우리는 흰색의 빛의 공간에 있다고 느끼게 되는 것이다. 혹시 집에 색온도를 조절할 수 있는 조명이 있다면 거울 앞에서 자신의 얼굴에 조명을 비춘 상태에서 색온도를 변경해 보자. 낮은 색온도에서 높은 색온도로 바꾸었을 때 아주 잠시간은 푸른빛으로 조명을 받는 자신의 얼굴을 확인할 수가 있다. 머리속에서 이미지를 그리는 과정은, 순식간에 보정이 일어나기 때문에 푸른빛의 내 얼굴은 아주 찰나의 순간만 볼 수가 있다.

집에서의 조명의 역할은 선명한 식별이나 각성 효과를 주는 기능보다는 나와 가족의 휴식을 도와주는 역할과, 가족이나 친구들과의 커뮤니케이션을 도와주는 역할이 우선

되어야 한다. 높은 색온도의 형광등이 새롭게 개발되면서 밤 시간의 빛 환경은 많은 변화가 있었다. 밝고 선명한 빛을 원하는 만큼 언제든지 조명을 밝힐 수 있게 되면서 얻게 된 장점도 분명 많이 있다. 하지만 그로 인해 우리는 무언가 더 중요한 것을 놓쳐 버린 것은 아닐까?

-형광등은 효율성 이외에도 폐기 시에 수은을 방출하는 등의 단점으로 인해 우리나라를 포함 전 세계에서 단계적으로 생산 중단을 진행 중입니다. 앞으로는 LED조명으로 대체가 될 것입니다.-

6장

LED조명, 장점만큼 분명한 단점들

형광등은 최근에 더 효율이 좋은 LED조명으로 대체되고 있다. LED조명이 지금은 많이 저렴해졌지만 초기에는 부담스러울 정도의 비용을 들여야 구입할 수 있었다. 초기 구입 비용의 부담은 아래 나열할 여러 가지 부수적인 문제의 근원과도 같다.

LED조명은 이전에 사용하던 조명들과 여러 가지가 차이점이 있다. 꼭 알아야 할 핵심 사항 몇 가지는 아래와 같다.

▶ 백열전구와 형광등은 빛이 여러 방향으로 퍼져 눈부심이 적다. 반면 LED 조명의 빛은 직진성이 강하여 효율은 높지만 눈부심이 심하다. 때문에 조명의 위치를 신중하게 고민하여 설치할 필요가 있다. 좋은 품질의 조명은 기구에서 눈부심 발생이 적도록 설계가 이루어지지만, 저렴한 품질의 조명은 개발 비용이 적기 때문에 눈부

심을 고려하는 세심한 설계가 부족하다.

▶ LED조명의 품질은 색온도, 연색성, 밝기, 수명 등으로 평가된다. 이를 '품질 그래프'로 표현해 보자. 구입 초기의 높은 품질은 시간이 지나면서 점차 하향 곡선을 그리며 떨어진다. 그리고 우리는 품질 그래프가 완만한 곡선을 타고 내려오는 제품의 구입을 원할 것이다.

대게 이름이 알려진 회사의 조명제품은 가격은 조금 높겠지만 품질 그래프는 하향 곡선이 완만하게 떨어지는 제품을 개발하고 생산한다. 좋은 부품을 사용하고, 개발비가 많이 들어가고, 인증 비용이 추가되기에 제품의 비용은 올라갈 수밖에 없다.

반면 저렴한 가격 정책을 내세우는 조명 회사에서 생산된 제품은, 가격은 저렴하지만 낮은 품질의 제품을 생산한다. 이들 제품은 초기에는 좋은 품질의 조명 회사 제품과 큰 차이가 없어 보이기 때문에 판매 실적도 좋다. 대신에 품질 그래프의 하향 곡선은 주로 급격하게 떨어지는 제품이 많다.

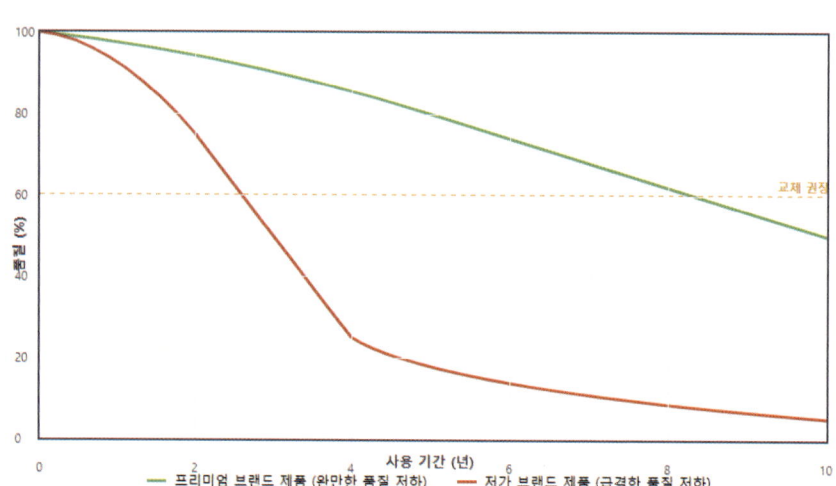

LED제품을 처음 구입했을 때 100% 성능에서 60% 밑으로 떨어졌다면 일반적으로는 이미 수명이 다한 제품으로 본다. 품질 그래프가 급격하게 떨어진 제품이라도 조명의 전원이 안 들어오는 것은 아니다. 그래서 일반 소비자는 전원이 아예 안 들어오거나 밝기가 현저히 떨어져 도저히 사용이 어려울 때까지 품질이 하락한 조명을 그냥 사용하는 경우가 많다. LED제품은 수명이 길다는 것이 상식이기에, 벌써 수명이 다 되었을 거라는 의심조차 하지 않기 때문이다.

▶ LED조명은 보통 안정기(LED드라이버)와 LED칩이 달린 기판으로 구성되어 있다.

　LED제품의 수명이 길다고 하여 큰마음 먹고 구입했는데, 얼마 쓰지 않아 안정기가 먼저 고장 나 버리는 일이 빈번하다. 제품의 안정기가 빨리 고장나는 이유는 제조사에서 판매 가격을 낮추려는 이유에서 기인한다. 비교적 안정기만 따로 교체가 가능했던 형광등과는 달리 LED조명은 호환되는 안정기를 따로 구하기가 어렵다. 표준화가 안 되어 있기도 하고 제품마다 요구되는 전압과 전류가 저마다 다르기 때문이다. 그래서 안정기가 고장 나면 아예 제품을 새로 설치해야 되는 경우가 생기고 저렴한 제품을 구입했다가 되려 설치 비용이 더 들어가는 경우가 왕왕 발생한다.

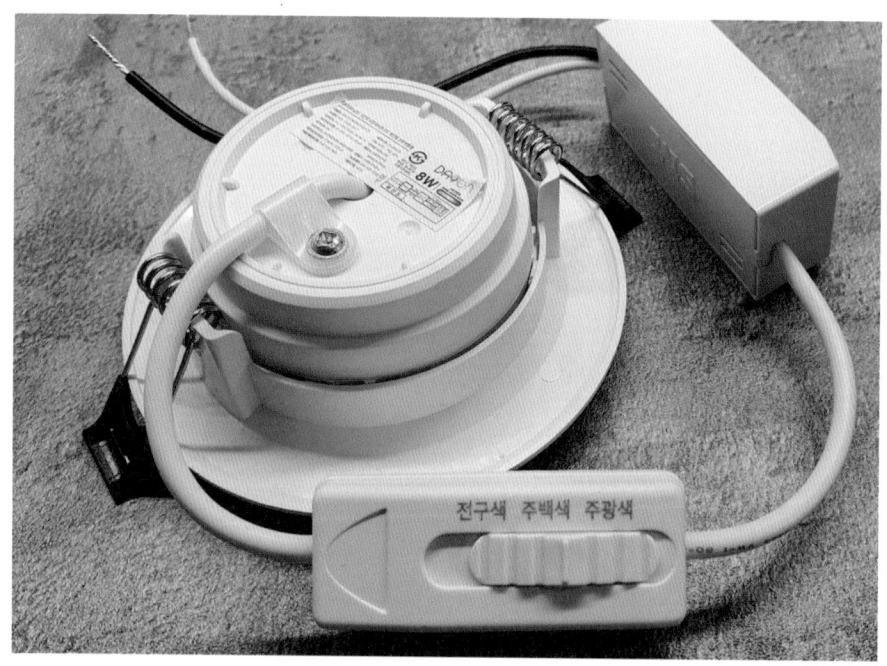

▶ LED제품 중 밝기 조절(디밍)과 색온도 변환이 가능한 제품이 있다.

정석적인 방법으로 밝기 조절이나 색온도 변환 기능을 지원하려면 비용이 많이 올라가게 되어 있다. 변환 단계마다 그에 맞는 설계가 필요하고, 전압과 전류의 변경이 필요하고, 회로를 보호해 줄 부품이 추가되고, 인증 단계가 추가되는 등 제품의 판매 단가가 많이 올라갈 수밖에 없다. 제조사 입장에서 이렇게 어렵게 제품을 기획하고 출시하더라도 판매가 힘든 이유는, 색온도 변환이 가능하고 디밍도 가능한

데 가격까지 저렴한 조명 제품들과 시장에서 경쟁해야 하기 때문이다. 이들 제품들은 저렴한 LED드라이버를 사용하기 때문에, 품질 그래프의 하향 곡선은 빠르게 떨어진다. 또한 플리커 이슈를 발생시키거나, 잦은 전압 변경으로 인해 제품 수명 단축을 초래한다. 정말로 이 기능이 꼭 필요한 소비자는 그에 상응하는 비용을 지불하고 좋은 품질의 제품을 구입하면 아무런 문제가 없다. 앞서 말했듯이 LED조명으로 발생하는 문제의 대부분은 적은 비용으로 제품을 구입하길 원하면서도 우수한 품질을 기대하는 소비자의 심리에서 기인한다.

조명의 구입 비용은 초기 구입 비용으로 계산되어지는 것이 아니다. 구입부터 수명이 다 되어 폐기되기(보통 10년 정도의 수명) 전까지, 사용하고 관리하면서 발생되는 '사용기간 동안의 총 비용'으로 계산을 해야 한다. 무작정 저렴한 제품만 선호할 게 아니라 여러 가지 비용을 따져 보고 제품을 고르는 안목을 지녀야 한다.

▶ 품질 좋은 제품은 대게 전력 효율이 좋다. 10년간 절약되는 전기 비용은 생각보다 크다.
▶ 품질 좋은 조명의 품질 그래프는 천천히 하향 곡선을 타고 내려오기 때문에 오랜 시간 공간에서 좋은 빛의 환경을 제공해 준다.
▶ 가격이 저렴한 조명은 대게 수명 또한 훨씬 짧다. 동일모델의 조명이 여러 개가 달린 공간에서 1개만 고장 난 경우 부분 교체를 생각할 수 있다. 그렇다면 똑같은 제품을 구입하든지 최소한 비슷한 조명기구의 색상과 모양으로 구입해야 설치했을 때 전체적으로 어색하지 않을 것이다. 문제는 수년 후에도 같은 제품을 구입할 수 있을지는 확신할 수 없다. 그리고 셀프로 설치를 할 수 없는 조명의 경우 전문가에게 맡기는 비용이 추가로 들기 때문에 초기에 저렴한 조명을 구입하면서 세이브한 금액보다 훨씬 큰 비용이 추가로 들어가기도 한다.

▶ LED조명의 경우 발열 설계도 중요한데, 저렴한 조명의 경우 발열 설계가 허술한 제품이 많기 때문에 드물지만 화재 사고로 이어지는 경우도 있다.

▶ 저렴한 조명은 제품의 개발비가 많지 않기 때문에 사용자를 고려하지 않은 디자인의 제품이 많다. 이들 제품은 불쾌한 눈부심을 유발하는 등 사용하는 동안 지속적인 불편을 줄 것이다.

-LED조명은 장점이 많은 조명이지만 그만큼 단점도 명확하기에 잘 알고 사용해야 합니다. 그리고 저렴하면서 좋은 제품은 없습니다.-

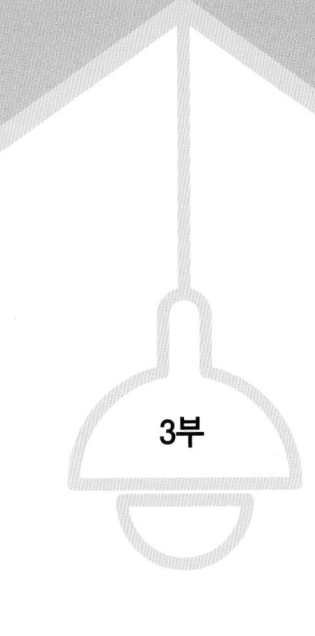

3부

조명 인테리어 개념 바로잡기

7장

빛공해: 잘못된 조명이 건강에 미치는 영향

공기, 물, 햇빛과 같은 자원은 너무 흔하고 쉽게 얻을 수 있기에 우리는 그 중요성과 고마움을 잊고 사는 날이 많다. 우리의 건강과 밀접한 관련이 있기에 좋은 공기와 좋은 물을 마시고 싶어한다. 공기와 물의 경우 오염된 것이 육안이나 냄새, 맛으로 파악이 된다. 하지만 빛은 좀 다르다. 오염된 빛에 의해 피해받는 것을 '빛공해'라고 부르는데, 이 단어를 처음 들어보는 분이 많을 것이다. 인공조명이 나오기 이전에는 빛공해라 부를 만한 일이 거의 없었기 때문이다. 햇빛도 일종의 조명이기에 햇빛에 의해 피해를 받는 일이 물론 있었지만, 자연 현상의 일부로 인식했지 공해로 인식을 하지는 않았다. 빛공해는 형광등과 같은 밝은 인공조명이 생기면서 만들어진 단어이다.

소음 공해, 대기 오염, 수질 오염은 비교적 알아차리기가 쉬운 편이다. 하지만 잘못된 인공조명의 사용으로 인해 발생하는 생체 리듬의 교란, 스트레스, 우울증, 불면증, 눈의 피로, 부정적인 커뮤니케이션이 일종의 빛공해임을 인지하는 것은 어렵다. 왜냐하면 빛은 눈에 직접적으로 보이는 요소가 아니어서 간과해 버리기 쉽기 때문이다. 그리고 인간은 감각 정보의 80%를 시각 정보에 의지하고 있기 때문에 당장 눈앞에 얼마간의 빛공해 요소가 있다 하더라도 어느 정도는 무시할 수 있어야 한다(대개의 빛공해는 단기적이 아닌 지속적으로 노출되었을 때에 문제가 발생된다). 당장 보기 싫은 요소일지라도 일단 보아야 계속 주변을 경계하고 주시할 수 있기 때문이다. 하지만 빛공해에 지속적으로 노출된다면 어떤 식으로든 부정적인 영향을 받을 수밖에 없다.

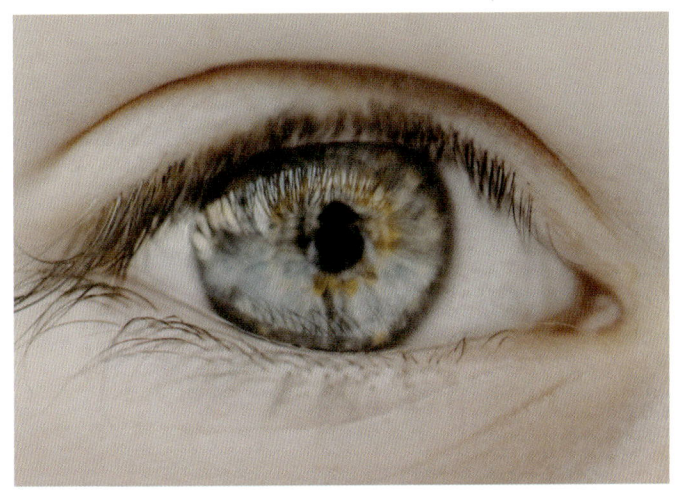

빛으로 인해 인간이 어떤 영향을 받는지를 연구하기 시작한 것이 채 20여 년밖에 안 되었다. 아직 인간이 빛에 어떤 식으로, 얼마나 영향을 받는지 알려진 것이 많지 않다. 또한 빛공해는 지역 사회나 생태계에도 영향을 미친다. 과도한 조명의 사용으로 집에서 새어나간 불빛이 이웃집에 침입하여 이웃의 수면을 방해하거나, 도시가 내뿜는 과도

한 빛으로 인해 천체 관측을 방해하기도 한다. 도시의 밤하늘에서 별을 잘 볼 수 없게 된 이유 이기도 하다. 또한 도심에서 나오는 과도한 빛은 동식물들의 생체 리듬을 교란하거나 철새의 이동을 방해하는 등 생태계에도 악영향을 끼친다. 세계 여러 나라에서 빛공해의 심각성을 인지하고 최근 들어 관련법을 마련하고 있다.

아직 우리는 빛을 제대로 이해했다고 할 수는 없다. 하지만 무심코 사용한 인공조명의 빛이 우리의 정신, 신체, 사회 관계, 생태계, 나아가 우주로까지 확장하여 생각보다 광범위하게 영향을 미치고 있고, 우리의 삶에 많은 부분에 관여하고 있음을 어림짐작으로 알 수 있다. 사실 이 책을 쓴 진짜 목적은, 눈에 잘 보이지 않으므로 우리가 간과하기 쉬운 이런 빛공해가 있음을 알리는 것이다.

-10만 년을 넘게 사용하던 조명 방식이 불과 1세기만에 극적으로 바뀌었지만 이것이 어떤 부작용을 낳을지 의심하는 사람은 아무도 없었습니다.-

8장

인테리어는 예쁘게 만드는 것이 전부가 아니다

일반인들은 인테리어라는 단어를 들었을 때 떠올리는 이미지는 '예쁘게 만드는 것'에 주로 초점이 맞춰져 있다. 대중의 인식에 '인테리어 = 예쁘게 하는 것' 이 문장이 공식처럼 굳어진 이유는 크게 3가지 원인에서 기인한다.

디자인이라는 개념의 오해

2차 세계대전 이후 막강한 부를 축적한 미국은 산업 기술과 생산력을 앞세워 제품의 대량 생산이 가능해지면서, 기술만 있다면 제품이 날개 돋힌 듯 팔리는 시대를 맞이했다. 하지만 얼마 못 가 기업 간의 기술 격차가 좁혀지고 경쟁이 치열해지면서, 제품 차별화를 통해 경쟁력을 높이기 위한 궁리가 시작되었다. 이즈음 기업들의 제품 개발 단계에서 디자이너를 도입하려는 움직임이 시작되었다. 처음 고용된 디자이너들의 역할은 기능 개선을 위해 제품 형태를 고민하는 '단순 작업' 위주였기 때문에 디자이너의 역할

건축가 루이스 설리번

은 크지 않았다. 아직까지는 기술 우선의 시대에서 디자인의 역할은 제품의 '보조 수단'에 불과했다. '형태는 기능을 따른다'라는 건축가 루이스 설리번의 유명한 말은, 그때 당시 산업에서 디자인의 위치를 설명해 주기에 충분하다.

　디자인 작업을 통해 제품의 불필요한 형태를 단순화시켰더니 의도치 않게 예뻐 보이는 효과까지 낳았고, 이러한 제품들이 대중의 호응을 얻기 시작했다. 이때부터 산업에서 디자인의 역할이 주목을 받기 시작했다. 기업들이 만든 제품이 시장에서 돋보이기 위해 경쟁적으로 '예쁜 디자인'을 내세웠다. 자연스레 산업에서 디자이너의 역할이 커지면서 스타 디자이너가 탄생하는 등, 디자이너를 직업으로 꿈꾸는 사람도 많아졌다. 이러한 기업 주도의 산업 디자인은 '디자인 = 예쁜 것'이라는 공식을 대중에게 각인시켰다. 한국의 기업들도 미국과 비슷한 경제 성장 과정을 거치면서, 디자인이 산업에 도입되었고 한때 산업 디자인 붐이 일기도 했다.

그럼 디자인이란 단어의 정의는 무엇일까? 디자인이란 단순히 보기 좋고 예쁘게 만드는 행위가 전부일까? 아직까지 디자인은 정확히 무엇이다라고 설명하는 것은 개인마다, 분야마다 각자 해석이 다르다. 디자인이 딱 잘라 무엇이라고 정의하기 어려운 이유는, 디자인이라는 행위가 지극히 개개인의 현재 상황이나 취향과 밀접한 관련이 있기 때문이라 생각한다. 여기서 '개개인'의 정의는 이 디자인을 받아들이는 사람을 뜻하기도 하지만 디자인이라는 개념을 차용해 사용하려는 사람에게도 해당한다. 앞서 미국의 산업에서 디자인이라는 개념을 처음 도입하기 시작했을 때, 기업의 입장에서 디자인의 중요성은 기술보다 한참 밑으로 생각했다. 그 당시에 기업에게 디자인의 정의와 역할은 단지 그뿐이었다. 기업 간의 경쟁이 치열해지면서 디자인의 위상이 달라졌을 때, 기업들 사이에서 디자인의 개념을 다시 정의할 수밖에 없게 되었다. 왜냐하면 디자인이라는 행위가 항상 변하지 않는 기준을 가지고 있는 것이 아니라 분야에 따라, 시대에 따라, 가치관의 변화에 따라, 유행에 따라 변화하는 특성을 지녔기 때문이다.

디자인이라는 행위는 지극히 개인적인 면을 다루는 작업이다. 제품을 다루는 산업 디자인의 경우 제품 개발 단계에서는 실제 사용할 사람이 '특정'되지 않는다. 사용할 대상이 특정되지 않기에 단순히 유행을 따라 디자인하거나 심미성, 실용성, 기능성, 확장성, 범용성 같은 부분에 주로 초점을 맞추는 '설계 중심 디자인'이 될 수밖에 없다. 이에 반해 사용할 사람이 특정되어 있는 가정집의 인테리어에서 디자인의 개념을 다룰 때는 산업에서의 디자인과는 다른 방식의 접근이 필요하다. 가족구성원의 라이프스타일과 취향을 적극 반영하고 집을 방문하는 손님을 고려하는 '인간 중심 디자인'의 특징을 가진다.

한국인의 타인시선의식 문화

　한국인은 유독 타인 시선을 의식하는 문화가 있다. 이는 사회적 체면, 평판, 명예를 중시하는 유교 문화에서 비롯되었다고 볼 수 있다. 단기간의 압축 성장을 하는 한국의 경제 성장 과정에서 이런 타인 시선을 의식하는 문화는 많은 부작용을 낳았다. 압축 성장의 사회 속에서 뒤처지지 않기 위해선 빠르게 바꾸고 따라가야 한다는 학습된 태도를 주입시켰고, 이로 인해 빠르게 확산되고 빠르게 식는 트렌드가 하나의 문화로 자리 잡았다. 수도권에 집중된 높은 인구 밀도와 SNS 발달은 트렌드 확산 속도를 더 빠르게 만드는 요인이다. 또한 타인 시선 의식 문화는 개개인의 내면보다 겉모습만을 중시하는 사회 분위기를 만들어 가고 있다. 이러한 문화 현상의 일환으로 소비자들은 인테리어의 설계를 고민할 때 실용성이나 기능성을 고려하여 투자를 하는 것이 아니라 심미적인 요인에 치우쳐 투자하려는 경향이 강하다.

한국의 아파트 문화

한국은 세계 최빈국 중 하나였지만, 불과 몇십 년 만에 선진국으로 도약했다. 자원이 변변치 않은 작은 나라에서 잘 살려면 아끼고 악착같이 노력하는 방법만이 유일했다. 이러한 배경으로 인해 기능과 효율을 우선으로 국가 정책이 추진되었는데 대표적인 사례가 '아파트 개발'이다. 1960~1970년대 빠르게 늘어나는 도시 인구의 주거 문제를 해결하기 위해 정부 주도의 국토 개발 계획이 시행되었는데, 이때 짓기 시작한 아파트는 주로 저소득층의 주거지로서 주목받기 시작했다. 그 당시 고도의 경제 성장 중이던 일본의 주거 정책 중 하나가 바로 아파트 건설이었고, 이를 롤모델로 삼았다. 당시 지어지기 시작한 일본의 아파트는 지금과 같은 한국의 고층 아파트가 아니라 낮은 층의 맨션이 주였는데, 한국에 처음 지어지기 시작한 아파트들도 층수가 낮았다. 일본은 지진의 위험과 같은 지리학적 배경으로 고층 아파트가 자리 잡는 문화로 발전하진 않았다.

한국에 지금과 같이 본격적으로 고층 아파트가 들어선 것은 강남 지역에 부동산이 개발되던 시기이다. 이때 들어서던 아파트들은 독일, 프랑스 등 유럽의 근대 주택을 롤모델로 계획되었다. 집단 주거 단지, 도시 기능 분리, 녹지 조성과 같은 오늘날 대단지 아파트의 특징과 같은 구조를 갖추고 있다. 이때부터 아파트가 저소득층이 아닌 중산층의 거주지로 탈바꿈하게 된다. 아파트라는 거주 형태가 가진 효율성의 장점, 가족 구성 단위의 핵가족화가 진행되면서 아파트를 선호하는 현상이 불었고, 어느 순간 한국의 대표적인 주거 형태로 자리 잡게 되었다.

아파트의 건축 구조와 분양 구조 특성상 아파트를 디자인하는 과정은 개인의 취향이나 인간 중심적인 관점보다는 '설계 중심적인 디자인'으로 접근할 수밖에 없다. 아파트라는 주택 구조가 효율적이고 편할 수는 있지만, 디자인적 관점에선 '인간적인 냄새'를 찾아보긴 힘들다. 도시의 시민들은 어딜 가나 비슷비슷한 형태의 고층 아파트를 보면서 비슷비슷한 풍경을 바라보며 하루를 보내고, 너도나도 비슷한 구조의 아파트에서 생활하고 있다. 이러한 생활 방식은 개개인의 다양한 사고를 제한하고 개성 없는 사회 분위기를 만듦으로써 삭막하고 우울한 분위기의 주변 환경을 조성하는 요인이 되고 있다. 건축과 인테리어 분야에서의 디자인적 관점은 '설계 중심적인 디자인'이 아닌 '인간 중심적인 디자인'에서 출발해야 함이 옳지 않을까?

강남 부동산으로 시작된 부동산 불패의 신화를 목격하면서, 한국인에게 집의 의미는 오랫동안 가꾸고 지내는 보금자리가 아닌 언제든지 상급지로의 이동을 꿈꾸는 '재산 증식의 수단'으로 변모하였다. 이런 인식을 가진 상황에서 집이라는 수단을 큰돈 들여 인테리어하는 것은 부담이 아닐 수 없다. 그럼에도 큰돈을 들여 리모델링을 하는 경우는 타인 시선을 의식한 보여 주기식 허세와 집의 가치를 올려 매매가를 높이기 위한 수단으로의 목적이 크다. 나 자신과 가족을 위해 하는 인테리어가 아닌 타인에게 보여지기 위한, 또 타인에게 집을 잘 팔기 위해 하는 인테리어이기 때문에, 기능이나 안전과 같은 설계의 중요함보다는 심미성과 효율이 우선될 수밖에 없다. 인테리어를 계획하는 소비자는 미디어와 SNS에서 예쁘게 보이는 인테리어 디자인을 보고 이런 디자인을 해줄 수 있는 업체를 찾는다. 이런 소비자에게 '디자인의 가치'를 설득하려 했다가는 덤탱이나 씌우려는 업체로 오해받을 것이다. 이런 아파트 주거 문화와, 타인의 시선을 의식하는 문화가 지배하는 대한민국에서 애정을 붙이고 살아가고 싶은 집은 찾아보기 힘들다. 타인에게 보여지기 위해 살아가는 경쟁 사회 속에서 주도적인 나의 삶을 살기란 어렵다.

-당신에게 집의 개념은 무엇인가요? 당신은 주도적으로 삶을 살고 있나요?-

9장
인간을 위한 조명이 필요하다

앞서 8장에서 디자인의 개념을 설명하고 한국의 아파트 문화를 설명하며 '인간 중심 디자인'의 필요성에 대해서 언급하였다. 이는 비단 건축이나 인테리어 분야뿐 아니라 여러 다른 분야에서도 같은 필요성을 느끼고 있는 하나의 시대 사조다.

농경 위주의 사회에서 가족 구성은 대가족이 한집에 모여 사는 형태가 많았고, 이웃과 마을 공동체와의 협력이 중요했다. 이 시기에는 개인의 삶을 주체하는 요소가 공동체를 이루는 사람들과의 관계, 공동체의 목적, 그리고 공동의 생활 공간의 환경에 있었다.

영국에서 시작된 산업혁명을 통해 빠른 기술 발전이 이루어졌고, 제품의 대량 생산이 가능해지면서 사람들은 물질적으로는 풍요를 누리게 되었다. 하지만 이러한 '물질만능주의' 시대가 도래하면서 점점 인간의 가치가 격하되고 소외되는 부작용이 나타났다. 노동자에게 수면 시간을 제외하곤 나머지 시간 동안 계속 노동을 시킨다거나, 안전을 고려하지 않은 열악한 노동 환경에서 노동자의 권리는 무시되었고, 인간은 부품처럼 취급되어 왔다. 매연과 폐수의 배출로 인한 환경 오염은 고스란히 인간에게로 돌아와 또 다른 피해를 낳았다.

　산업화 이후 도시로 이동이 많아지면서 가족 형태가 핵가족화되었고, 이웃보다는 회사 동료나 친구, 가까운 가족과의 관계가 더 중요하게 되었다. 때문에 요즘엔 개인의 삶을 주체하는 요소가 가까운 가족이나 친구, 개인의 관심사, 주로 이용하는 공간의 환경으로 바뀌고 있다. 이러한 생활 방식의 변화와 함께, 물질만능주의 시대가 낳은 부작용이 사회 병폐로 대두되면서 <u>현대 사회는 공동의 가치관보다는 개인의 가치관을 중요시하는 방향으로, 물질보다는 사람을 중요시하는 방향으로 변화하려는 움직임이 커지고 있다.</u> 대기업·조직 중심의 고용 형태에서 프리랜서나 플랫폼 형태로 고용 형태가 변화하는가 하면, 정치에서는 민주주의 형태의 정치가 강해지고 있다. 언론과 미디어의 송출을 담당하던 메이저 신문사나 방송국의 역할이 축소되고, 유튜브나 SNS 같은 개인 미디어의 역할이 커지고 있다. 종교에서는 공동체 중심의 신앙 생활보다는 개인화된 영성

추구 형태인 명상이나 요가에 관심이 많아졌으며, 생산 방식에서는 기업 위주의 대량 생산에서 작은 기업의 소량 생산이나 맞춤 생산으로 소비자 니즈가 늘고 있다.

소비자의 가치관이 변화하면서 기업의 마케팅 방식과 디자인 산업에도 많은 변화가 있어 왔다. 물질만능주의 시대가 가져온 부작용에 반감을 가지던 소비자들은, 물건을 구입하는 과정에도 가치를 두기 시작했다. 물건을 구입하는 기준이 이전에는 제품이 지닌 기능과 효율을 비교 기준으로 하였다면, 요즘의 소비자들은 제품이 지닌 기능이나 효율보다는 물건을 만드는 '기업 그 자체'에 주목하기 시작했다. 기업이 추구하는 아이덴티티를 살펴보고, 공감이 되는 기업에서 만든 물건을 소비하는 형태로 변화하고 있다.

이러한 흐름의 대표적 성공 사례는 애플의 아이폰이다. 애플이 처음에 만들던 맥 PC 같은 전자 제품들은 기술 집약의 최전선에 있던 제품들이었지만, 당시 전자 제품 디자인은 모두 투박하기 그지없는 그야말로 '인간미' 없는 딱딱한 디자인이었다. 애플은 우선 기업의 로고를 직선이 없는 사과 마크로 바꾸고, 제품 디자인에도 곡선을 많이 활용하여 기존의 전자 제품이 가지는 투박한 모습을 벗어나 소비자에게 친숙하게 다가가려 노력하였다. 이전의 휴대폰 제품의 디자인들이 물질만능주의 시대에 기업의 기술을 위시한, 기업의 생산에 용이한, '기업 친화적인 디자인'이었다면, 애플이 처음 시도한 스마트폰(아이폰의 초기모델)의 혁신적인 디자인은 음악 플레이어인 아이팟과 맥북, PDA 등이 합쳐진 기존의 휴대폰과는 완전히 다른 개념의 기기였다. 기존의 휴대폰에 달린 버튼을 최소화하고, 사용자와 직접 화면에서 반응하는 GUI 디자인을 도입하면서 '소비자 친화적인 디자인'을 시도한 것이다.

소비자를 위한, 소비자의 가치를 생각하는 스티브 잡스라는 기업가의 고집스러운 경영 철학이 있었기 때문에 수많은 노력 끝에 아이폰이라는 혁신적인 디자인 제품을 세상에 선보일 수 있었다. 이런 애플의 개발 스토리는 대중의 마음을 사로잡고 열광시켰다. 애플의 팬이 된 소비자들은 애플에서 새로운 제품을 출시할 때 제품을 스펙을 보고 물건을 구입하는 것이 아닌, 애플이라는 기업 자체의 아이덴티티를 소비한다. 과거 제품을 돋보이기 위해 디자인이라는 개념이 산업에 처음 도입되었다면, 최근엔 제품이 아닌 기업 자체를 돋보이기 위해 브랜딩이라는 개념이 기업들 사이에 도입되고 있다. 기업들 저마다의 브랜딩을 확립하고 소비자에게 기업의 아이덴티티를 어필시키기 위해 노력하는 것이 요즘 기업의 마케팅 방식이다. 나이키, 에어비앤비, 스타벅스 등 이들 역시 성공적인 브랜딩으로 팬층을 확보하고 있는 기업이다. 이들 기업의 슬로건과 경영 철학은 애플의 아이폰 개발 스토리와 공통점이 닿아 있다. 그것은 제품이나 서비스가 가진 기능이나 효율을 내세우는 것이 아니라, 소비자인 '사람' 그 자체로 향하고 있는 기업의 아이덴티티와 스토리다. 그리고 생각만 하는 것이 아니라, 계속해서 일관된 메시지를 보여 주며 끊임없이 노력하고 있다는 점에서 소비자의 마음을 사로잡고 열광하게 만든다. 나이키의 "Just do it(그냥 하자)", 에어비앤비의 "어디에서나 집처럼 편하게", 스타벅스의 "인간의 정신에 영감을 불어넣고 더욱 풍요롭게 한다"가 그것이다.

스티브 잡스

　이러한 시대 사조의 흐름은 건축과 인테리어 분야에서도 변화를 가져왔다. 건축, 실내 인테리어, 조명 모두 '인간 중심 디자인'의 필요성이 대두된 것은 최근에 이르러서이다. 대가족 형태의 거주 방식에서는 나만의 개인 공간을 가지기는 어려웠다. 점점 핵가족화가 진행됨에 따라 나만의 개인 공간을 경험하는 사람들이 늘어나면서 실내 인테리어에 대한 관심이 많아졌고, 개인 맞춤형 건축에도 관심이 늘어나고 있다. 조명 인테리어에 대한 분야는 특히 '인간 중심 조명(Human-Centric Lighting, HCL)' 가이드를 만들어 제시하고 있다.

-나의 삶의 주인공은 당연 나이어야 합니다.-

10장

우리는 좋은 디자인을 경험해 본 적이 없다

현대인들은 실내 공간에서 생활하는 시간이 실외에서 지내는 시간보다 훨씬 많다. 내가 지금 머무는 이 실내 공간은 물리적 장소이자 동시에 우리의 내면에 깊은 영향을 미치는 '매체'로 작동한다. 7장 빛공해의 개념에서 살펴봤듯이, 우리는 생각보다 주변 환경의 영향을 많이 받는다. 이러한 환경 요소는 우리의 정신적·신체적 건강과 커뮤니케이션 등 삶의 여러 영역에 작용하고 있다. 그렇기에 자신은 물론 가족을 위해서라도 주변 환경을 돌아보고 관심을 가지면서 부족한 점이 있다면 개선해 나아가야 한다. 당장에 우리 주변을 건강한 환경으로 꾸미거나 바꾸고 싶다면 우리는 무엇을 시작해야 할까? 가장 먼저 해야 할 일은 집을 개인의 라이프스타일과 취향에 맞게 꾸미는 것이다. 집은 우리가 가장 많은 시간

을 보내고 가족과 함께하는 소중한 공간이기 때문이다. 하지만 혼자만의 힘으로 건축을 하거나 집을 꾸미는 것은 한계가 있기에 건축가나 인테리어 디자이너의 도움을 받을 필요가 있다.

오늘날 개인의 가치관과 개성 표현이 중요시되는 사회에서, 건축가나 디자인 관련 직업이 인기를 끌고 있다. 이들 직업은 자신만의 창작물을 통해 개성을 표현하면서, 동시에 타인의 삶에 긍정적 영향을 미칠 수 있어 큰 보람을 느끼기 때문이다.

아쉽게도 우리나라에서는 아직 세계적인 건축가나 디자이너를 배출하지 못하고 있다. 한국은 짧은 기간에 급격한 경제 성장을 이루었지만 이제 선진국에 진입한 지 얼마 되지 않는다. 농경 위주의 사회에서 급격한 산업화가 진행되며, 도시로 인구가 대거 이동했고 핵가족화 현상이 나타났다. 농경 사회의 공동체 중심 생활 환경에서는 개인적인 공간을 가질 기회가 적었지만, 핵가족 사회로 바뀌며 개인만의 공간을 가질 기회가 많아졌다. 개인의 가치관을 중요시하는 사회 분위기가 형성되고, 주변 공간을 꾸며보려는 관심을 갖기 시작한 것도 최근의 일이다.

유럽은 역사적으로 부유한 나라들이 많다. 이러한 환경에서 우수한 건축물이나 예술 문화가 발달해 왔고, 일반적인 대중들도 이를 자주 접할 기회가 많다.

특히 일조량이 부족한 북유럽인들은 집 안에서 사용하는 조명에 관심이 많고 그 중요성을 누구보다도 잘 알고 있다. 이곳의 특이한 문화는 이사할 때 기존에 사용하던 조명기구를 모두 떼어 간다는 점이다. 그래서 새로 이사 온 사람은 조명기구 하나 없이 조명을 새로 달아야 한다. 이런 문화는 조명기구에 대한 인식이 단순히 공간을 밝히는 기능을 넘어 지극히 개인적인 취향을 담고 있음을 오래전부터 경험을 통해 알고 있기 때문이다. 덴마크의 디자이너 '폴 헤닝센'은 일찍이 낮의 빛과 밤의 빛은 달라야 함을 직감했고 이러한 철학을 담아 만든 조명기구가 바로 PH시리즈이다. PH시리즈는 조명계의 명품 디자인이라 불리며 아직까지도 많은 사랑을 받는 제품이다.

PH시리즈 조명

그렇다고 일찍이 유럽에서 인간 중심적인 디자인이 보편적인 문화로 자리 잡아 온 것은 아니다. 유럽의 건축이나 예술 작품들은 대게 웅장하거나 화려한 스타일의 작품들이 많은데, 이는 신앙에 관련되거나 귀족 중심의 문화이지 결코 대중을 염두에 둔다거나 일반적인 서민이 중심이 되는 문화는 아니다. 유럽인들이 건축이나 예술, 디자인 분야에서 높은 경쟁력을 보이는 이유는 여러 가지가 있겠지만, 가장 큰 요인은 선조들이 남긴 건축물과 예술품이 외침 없이 잘 보존되어 후손들에게 전해져 내려왔기 때문이다. 예술 문화와 직접적으로 관련이 없는 일반인도 주위에서 역사적 건축물이나 예술 작품들, 즉 'good 디자인'을 접하는 시간이 상대적으로 많고 경험해 볼 기회가 많다. 이렇게 예술적 영감을 얻기 쉬운 환경이 조성되어 있다 보니 당연히 관련 산업에서 유럽인들의 경쟁력이 높을 수밖에 없다.

성 이슈트반 대성당

그에 비해 우리나라는 옛부터 외세의 침략을 많이 받았고, 이때 많은 문화재와 예술가를 잃었던 역사를 가지고 있다. 그로 인해 오늘날 후손들은 개성 강한 건축, 다양한 예술 작품, good 디자인이 무엇인지 경험해 볼 기회가 유럽 같은 부유한 나라들에 비해 상대적으로 적다. 유럽인이 선천적으로 뛰어난 예술 감각을 지녔다거나 주변 환경을 꾸미는 감각이 월등히 앞선다고 생각하지는 않는다. 그리고 빠른 속도로 한국의 디자이너와 건축가들의 실력이 향상되고 우수한 인재가 배출되고 있기 때문에 앞으로의 전망을 긍정적으로 바라볼 수 있다. 앞으로는 대중에서도 good 디자인을 추구하는 문화가 시간을 두고 점진적으로 정착될 것이다.

-유럽의 우수한 문화기반을 부러워할 수는 있어도 동경할 이유는 없습니다.-

11장

적은 예산으로도 가능한 조명 인테리어

　우리 주변 환경을 당장 good 디자인으로 채우길 원한다 해도 현실적으로 넘어야 할 산이 많다. 한국의 아파트 문화로 인해 우리 주변의 주택은 주로 아파트만 많이 볼 수 있다. 그래서 개성 강한 건축 주택을 보기가 어렵고, 인간 중심 디자인으로 설계된 주택 건축을 경험해 볼 가능성 또한 낮다. 우리는 삶의 질을 높여 주는 건축이나 디자인이 무엇인지 스스로 고민해 보거나 경험해 본 적이 별로 없다. 그보다 현실적인 이유는 삶의 질을 높여 주는 건축이나 디자인이 무엇인지 안다 하더라도 이것을 설계에 반영하여 원하는 건축물을 짓는 일 자체가 매우 많은 비용이 든다는 것이다. 그리고 아파트라는 주거 수단이 주는 기능과 효율에 길들여져 있기 때문에 아파트라는 주거 형태를 버리기 위해선 많은 결단이 필요하다.

　현실적인 비용 문제로 주택을 건축하는 대신 상대적으로 비용이 덜 드는 실내 인테리어 공사에 투자하는 방법을 생각해 볼 수 있다. 하지만 이 역시 비용이 만만치 않을뿐더러 한국인 특유의 타인 시선 의식 문화와 아파트 문화의 특징으로 인해 제한적이고 겉치레 위주의 인테리어 공사가 될 수밖에 없다.

　당신은 대한민국 대도시에서 살길 원한다. 재산 증식의 기회가 될 수 있고 기능적으로 편하고 효율적인 주거 형태인 아파트를 포기할 수 있는가? 대도시에서 아파트를 거부하고 잘 설계된 나만의 주택을 가지려면 단독주택을 지을 부지와 건축 자금이 있어야 한다. 또한 마음에 드는 실내 인테리어를 하려면 상당한 공사비를 지불해야 한다. 이러한 계획을 실현시키기 위한 예산이 충분히 있는가? 서울 기준으로 같은 평수의 아파트를 구입하는 금액보다 단독주택을 짓는 가격은 최소 몇 배는 예산이 더 필요하다. 실내 인테리어 공사도 요즘은 인건비가 많이 올라 30평 기준으로 1억 정도는 들여야 한다고 한다. 예산이 많다거나 대도시가 아닌 지방 소도시에 전원주택을 짓는다면 적은 예산으로도 가능할 수는 있다.

그에 반해 조명을 바꾸는 조명 인테리어는 비교적 적은 비용으로도 주변 환경을 good 디자인으로 채울 수 있다. 하지만 일반인의 조명에 대한 인식 수준은 인테리어 조

명을 소품으로 활용해 공간을 예쁘게 꾸민다거나, 어두운 곳을 밝히는 기능 2가지에만 집중되어 있다. 우리나라에서 디자인의 개념과 건축이나 실내 인테리어의 중요성에 대한 인식도 이제 막 걸음마를 떼기 시작한 단계에서, 조명의 중요성에 대한 인식은 아직 걸음마도 떼지 못했다. 한국인의 특성과 아파트 주거 문화가 당장에 바뀌기 어려운 현실에서는 건축이나 실내 인테리어에 투자하기보다는 조명에 대해 관심을 가지고 주변 빛 환경을 꾸미는 것이 더 현실적이라 생각한다. 또 아무리 건축이나 실내 인테리어에 투자해서 공간을 꾸미더라도 공간에 드리우는 빛의 설계를 잘못하면 투자의 효과가 반감된다. 결국 공간의 모습을 최종 프레젠테이션하는 역할은 공간에 드리우는 빛이기 때문이다.

조명공사

실내 전체를 공사한다는 것이 비용도 비용이지만 공사 기간 중 이웃에 소음 공해를 일으키기 때문에 간단한 일이 아니다. 이에 반해 조명으로 부분 인테리어만 하는 경우 디자인 설계가 어렵지, 공사 자체는 간단해서 기존 살림살이가 있는 상태에서도 공사가 가능하고 하루 정도면 공사가 끝나기 때문에 이웃에 소음 피해가 적다. 별도의 목공공사 없이 기본적인 다운라이트 위주로 조명을 구성한다면 가성비 있는 가격으로 공간 전체를 연출하는 것이 가능하다.

-조명의 역할이 공간을 예쁘게 하거나 어둠을 밝히는 것이 전부가 아닙니다.
이러한 이해를 바탕으로 인간 중심 조명 디자인이 필요합니다.-

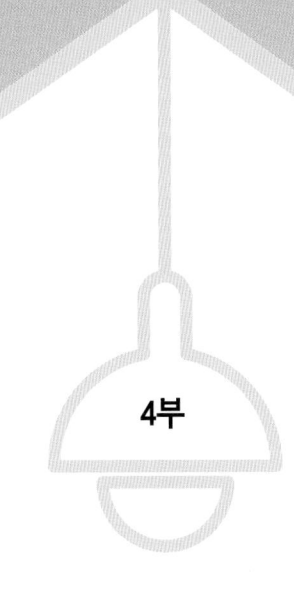

4부

조명 설계 기초 지식

12장

상황별 조명 인테리어 방법

앞서 1실1등의 조명 환경을 피해야 하는 이유를 설명했다. 가능하다면 다운라이트 같은 매입 조명을 써서 작은 광원 여러 개로 분산시키는 디자인이 필요하다. 조명 인테리어가 다른 인테리어 공정에 비해 비교적 규모가 작은 공사이지만 상황에 따라서 작은 공사도 하기 힘든 경우가 있다. 아래 여러 상황별 예시에 따라 현재상황에 맞는 방법을 적용해 보자.

▶ 아직은 조명 인테리어 계획이 없거나 여건이 안 되는 경우 당장은 아무런 계획이 없더라도 내 주위의 빛 환경을 점검해 볼 필요가 있다. 우리 집의 조명기구가 형광등인지 LED 조명인지부터 확인해 보자. 형광등이 달려 있다면 당장은 아니더라도 수년 안으로 단종이 예정되어 있기 때문에 LED 조명에 관심을 가져야 한다. LED 조명 기구라면 밝기를 확인해 보자. 처음에 비해 밝기가 많이 줄었다면 이미 수명이 다한 것으로 보아야 한다. 밝기가 줄었는지 아닌지는 육안으로 확인하기 어렵기 때문에, 같은 전력을 사용하는 비교 가능한 새 제품 LED 조명이 있다면 어느 정도 판단이 가능하다. 밝기가 부족한지 아닌지를 확인해 보고 싶다면 스마트폰으로 조도 측정 앱을 설치해서 밝기를 측징을 해볼 수 있다. 단 측정이 정확하지 않기 때문

에, 필요하다면 몇만 원대의 휴대용 조도 측정기를 구입해서 갖추고 있는 것도 좋은 방법이다. 밝기를 확인했다면 이번엔 조명기구의 색온도를 측정해 보자. 색온도 측정기가 없더라도 낮 시간 창문을 통해 들어온 빛의 색과 비슷하면 주광색, 그보다 조금 노란빛이 돌면 주백색, 그보다 붉은 느낌이 들면 전구색이라고 판단하면 된다. 집안의 조명이 모두 주광색이라면 저렴한 전구색 테이블스탠드를 하나 구입해서 주광색 조명 대신 밤 조명으로 사용해 보자.

테이블스탠드

이미 전구 교체 가능한 테이블스탠드가 있다면 전구색 램프만 전기 용품점 등에서 구입해서 바꿔 달면 된다. 밤에 모든 불을 끄고 전구색 램프만 켜서 분위기를 느껴 보자. 여러 개의 램프를 동시에 켤 수 있다면 더 좋다. 이런 식으로 다른 색온도의 조명 느낌을 확인하면서 평상시에 빛에 대한 관심을 가져 보도록 하자.

▶ 자가 주택이 아니라 전세나 월세의 경우 주인의 허락이 있어야 인테리어 공사를 할 수 있다. 공사 허락을 안 해 주거나, 원상 복구를 전제로 공사를 허락하는 경우도 있다. 때로는 조명 인테리어가 비교적 작은 공사에다가 건물의 가치를 올려 주는 경우가 많기에, 원상 복구 안 해도 되는 조건으로 허락해 주는 경우도 많다. 우선 임대인과 상의해 볼 것을 추천한다. 만약 공사가 전혀 불가능한 상황이라면 방 중앙의 조명을 떼고, 여러 개의 작은 조명을 사용하는 레일 조명을 달아 사용하는 방법이 있다. 또는 숨길 수 있는 위치에 조명을 두어 간접 조명으로 만들거나, 플로어스탠드나 테이블스탠드를 여러 개 구입해 전체 조명으로 사용하는 방법도 있다. 하지만 이 경우엔 개별 제어를 해야 하기에 켜고 끄는 것이 번거롭다는 단점이 있다. 각 조명마다 스마트 플러그를 장착해서 휴대폰의 어플로 조명을 제어하는 등, 별도의 제어 방법을 생각해 볼 수 있다.

스마트플러그를 통해 조명의 전원을 연결한 모습

▶ 거주 중에 조명 인테리어를 계획하는 경우 천장면에 타공이 가능하다면 다운라이트 매립 조명 시공을 추천한다. 천장이 이중 천장이 아니거나 높이가 너무 낮아 다

운라이트 설치가 불가능한 경우도 있으니 전문가와 상담을 받아 보고 결정하는 것이 좋다. 목공사를 추가해 간접 조명을 추가한다면 더 쾌적하고 다양한 조명을 설치할 수 있다.

▶ 올 리모델링 공사를 통해 조명 인테리어를 하는 경우 간접등 박스를 만들어 건축화 조명을 할 수 있다. 천장에 목공작업이 추가되면 원하는 형태의 실내 조명 대부분을 할 수 있기 때문에 만족스러운 조명 인테리어가 가능하다.

▶ 건물을 새로 설계하는 과정에 조명 인테리어를 계획한다면 건축 설계 과정에서 자연광을 공간에 어떻게 들이고 제어할 것인가를 계획하는 것이 가능하기 때문에 가장 만족스러운 결과를 얻을 가능성이 높다. 또한 정원이 있는 단독주택의 경우 정원의 조명과 실내의 조명과의 연계를 고려하는 디자인도 가능하기 때문에 높은 수준의 조명 연출이 가능하다.

-당장 조명 인테리어 계획이 없더라도 테이블 위 스탠드의 램프를 바꿔 보는 것으로 빛에 관심을 가져 보세요.-

13장

조명 설계 의뢰 vs 셀프 설계

집을 짓는다는 것은 마치 종합 예술을 보는 것과 같다. 경험 많은 전문가 한 명에 의해 전부 지어지는 집도 있겠지만 대부분의 집짓기는 여러 명의 전문가가 협력 과정을 통해 완성해 나간다. 건축 설계는 건축 설계사가, 내부 인테리어 디자인은 전문 인테리어 업체가, 가구 디자인은 가구 업체가, 설비 디자인은 설비 업체가 각각의 전문 분야의 설계를 담당한다. 그렇다면 대형 빌딩이나 상업 공간이 아닌 소규모 가정의 조명 설계는 누가 담당하고 있을까?

▶ 관례적으로 건축 설계사가 하거나 실내 인테리어 디자이너가 담당해 왔다. 조명의 중요성을 이해하고 더 나은 공간 디자인을 위해, 건축 설계사나 인테리어 디자이너가 조명 전반에 대한 이해도를 높이려고 노력을 기울이는 것은 분명하다. 하지만 조명 설계가 워낙 전문적인 분야다 보니 조명 말고도 신경 쓸 것이 많은 건축 설계사나 인테리어 디자이너에게 전문적인 수준의 조명 설계를 기대하는 것이 어려운 게 현실이다.

▶ 조명 회사에 상담을 통해 조명 컨설팅을 받아 보는 방법을 생각해 볼 수 있는데, 이 경우는 특정 회사 소속의 상담역을 맡고 있으므로 자사의 조명기구만 사용하도록

권장한다.
▶ 가정집의 전문적인 조명 설계를 진행해 주는 업체에 의뢰하는 방식으로 진행할 수도 있다. 이 경우 건축 설계사나 인테리어 디자이너와 계획 단계에서 협력하는 방식으로 설계가 진행된다. 전문적인 조명 설계는 시뮬레이션 프로그램을 사용하기 때문에 설계 단계에서 정밀하고 정확한 설계가 가능하다. 여러 조명 회사의 제품을 비교하여 품질 좋은 조명을 선별하고, 사용자의 공간을 면밀히 분석하여 쾌적한 공간의 조명 설계를 해 줄 것이다.
▶ 소비자 본인이 직접 공부하여 셀프 설계를 하기도 한다. 대부분 소비자의 조명에 대한 인식은 눈에 직접적으로 보이는 장식 조명(스탠드 조명, 펜던트 등)을 어떤 예쁜 조명으로 선택할지에만 초점이 맞추어져 있다. 조명의 밝기는 얼마가 적당할지, 어둡지는 않을지에 대한 고민으로 출발해, 인터넷이나 유튜브로 잠깐 조명 강좌를 듣고 조명 설계를 시작한다. 체계적인 지식을 갖추고 조명 설계를 할 수 있기까지는 배워야 할 분야와 다루어야 할 툴들도 많기 때문에 단기간에 이런 지식을 습득하고 다루는 데에는 분명 한계가 있다. 여건이 된다면 조명 설계는 전문 업체에 의뢰를 맡기는 것을 추천한다.

해외의 조명 선진국에는 조명의 중요성을 인지하는 소비자들이 많기에 개인이 조명디자이너를 따로 고용하거나, 건축이나 실내 인테리어 전문가가 직접 조명 디자인 외주를 주는 경우가 많다. 하지만 국내에는 아직 이런 문화가 자리 잡지 못하고 있다. 대형 빌딩이나 상업 공간의 조명 설계를 전문적으로 진행하는 업체는 많이 있지만, 가정집의 조명 설계를 전문적으로 진행하는 업체는 거의 없다. 이런저런 여건으로 셀프 설계밖에 대안이 없다면 앞으로 이어질 이 책의 짧은 조명 강좌를 통해서라도 공부를 하여 도움이 되길 바란다.

-지금 당신의 공간의 조명 설계는 누가 했나요?-

14장
조명기구의 종류

 욕실같이 습한 곳이나 실외 조명의 경우 외부 환경에 노출되기 때문에 방수, 방진 성능을 고려하여 조명기구를 선택해야 한다. 이 성능을 알 수 있는 데이터가 'IP코드' 숫자다. 표기는 'IP20'처럼 2개의 숫자로 표기하는데 각각의 숫자가 높을수록 방수, 방진 성능이 높다.

IP 등급표 (Ingress Protection Rating)

첫 번째 숫자 - 고체 보호	두 번째 숫자 - 액체 보호
0 보호 없음	0 보호 없음
1 50mm 이상 물체	1 수직 낙하 방울
2 12.5mm 이상 물체	2 15° 기울임 방울
3 2.5mm 이상 물체	3 60° 분무
4 1mm 이상 물체	4 모든 방향 분사
5 먼지 제한적 침입	5 저압 물줄기
6 먼지 완전 차단	6 강력한 물줄기
	7 일시적 침수
	8 지속적 침수

조명기구의 빛이 어떤 방향으로 향하느냐에 따른 분류는 아래의 그림과 같다.

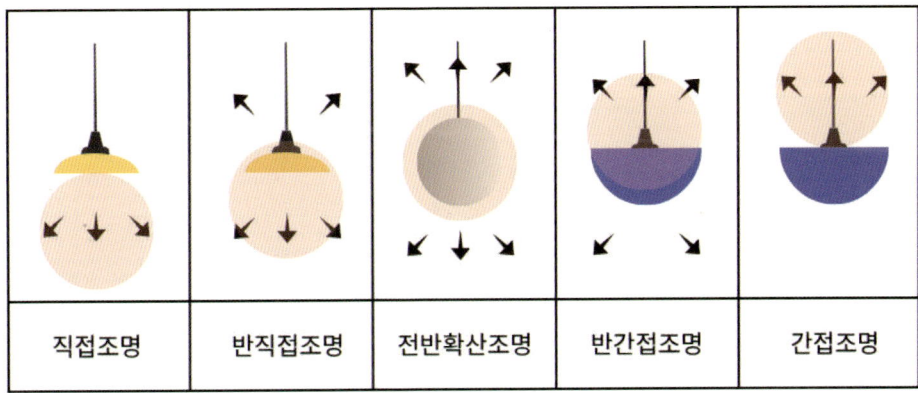

빛의 방향에 따른 조명기구 분류

조명기구의 설치 방식에 따라 2가지로 크게 구분할 수 있다.

장식 조명은 조명기구의 디자인이 외부로 드러나기 때문에 조명기구가 가진 기능이나 역할보다는 외형적인 디자인을 더 중시하는 방향으로 제품이 개발된다. 직부등, 펜던트, 플로어스탠드, 테이블스탠드, 벽부등, 샹들리에 등이 이에 해당한다. 한 제품을 계속 사용하는 것이 아니라 주기적으로 교체해 준다면 그때마다 공간의 색다른 분위기 연출이 가능하다.

테크니컬 조명은 장식 조명과는 달리 기구 본체가 벽면에 매입되어 거의 드러나지 않기 때문에 조명기구의 외적 디자인보다는 빛을 내보내는 방향이나 양, 배광의 모양이 중요한 조명이다. 다운라이트, 스포트라이트, 간접조명용 조명 등이 이에 해당한다. 조명기구가 내보낸 빛은 우리 눈에는 보이지 않지만, 어떤 형태의 빛을 내보내는지 판단할 수 있는 데이터가 바로 '배광'이다.

보조적인 역할이나 조명자체가 소품으로 활용하는데 있어서 중요한 것이 장식 조명의 선택이라면, 공간의 좋은 빛 환경을 디자인하기 위해서는 테크니컬 조명과 배광에 대한 이해가 필요하다.

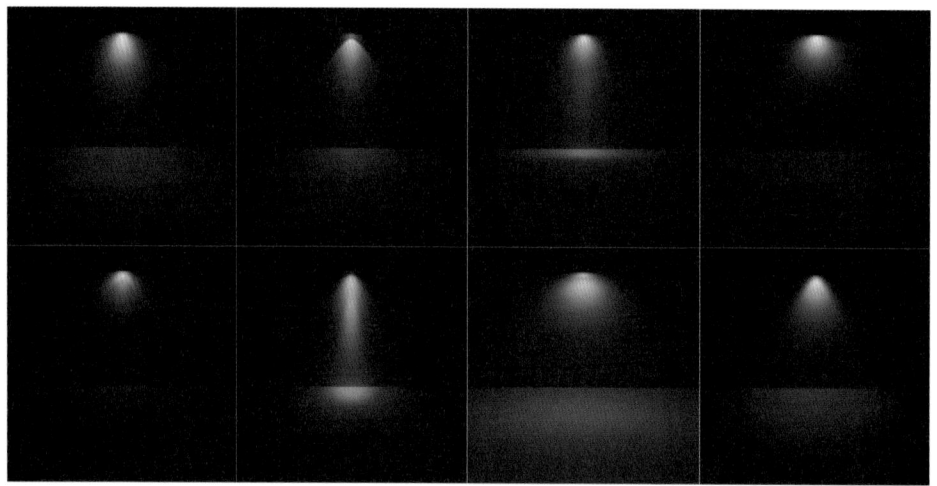

여러가지 배광 이미지

테크니컬 조명의 하나인 다운라이트는 확산형 다운라이트와 COB형 다운라이트(컷오프 다운라이트라고도 함)로 나뉜다.

조명을 설계하는 과정에서 두 종류의 다운라이트 중 어떤 다운라이트를 선택할 것인지 고민하는 경우를 많이 보는데, 기구의 구조와 다운라이트의 배광을 이해한다면 사실 고민할 문제가 아니다.

확산형 다운라이트는 기구에 확산판을 덧댄 구조로 되어 있어서 확산판이 모든 방향으로 빛을 균일하게 내보낸다. 창고나 여러 개의 물건이 진열되어 있는 상점 같은 장소에 사용하기에 알맞다. 확산형 다운라이트는 보는 제품의 배광이 비슷하기 때문에 사실 많은 설명이 필요 없는 다운라이트다. 그에 반해 COB형 다운라이트는 기구 디자인에 따라 배광의 모습이 천차만별이다.

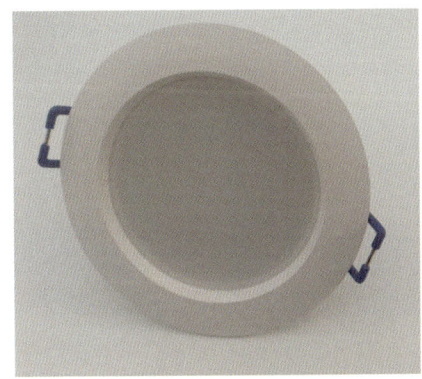
확산형 다운라이트

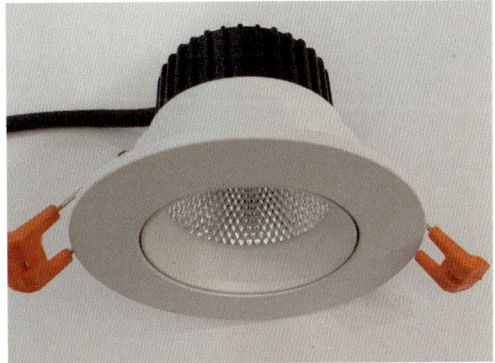
COB형 다운라이트

조명 회사 브로슈어에는 제품 정보와 다양한 보조 옵션이 상세히 소개되어 있다.

	P	CCT	I	Flux	LOR
-0- | N | WN |	4.2W	2700K	700mA	380 lm	90%
-1- | N | WN |	4.2W	3000K	700mA	420 lm	90%
-2- | N | WN |	4.2W	4000K	700mA	500 lm	90%

220-240 V~ | IP20 | CRI>90 | L80B10 >60.000 h | MacAdam Step 3 | OPTIONS* | INCL | 50 X 93 | 38°

조명회사 브로슈어

이들 제품 정보의 의미와 옵션을 모두 설명하는 것은 이 책의 범위를 넘어가지만, 뒤에 소개된 설계 예시를 따라가다 보면 몇 가지 제품 정보를 보는 법을 알 수 있다. 브로슈어에 많은 정보를 기재해 놓았다고 해서 좋은 제품이라고 장담할 수는 없다. 하지만 조명기구가 어떠한 스펙을 가졌는지 어떤 인증을 받았는지와 같은 여러 가지 정보를 제공해 줄수록 제품에 대한 신뢰도가 올라가게 된다.

 조명기구 스펙의 데이터를 기재하는 것은 의무가 아니기 때문에 조명 회사마다 아주 기초적인 정보만 기재한다거나 자신 있는 스펙만 선별적으로 기재하는 경우가 많다. 특히 우리나라에 유통되는 조명 제품은 중국의 공장에서 OEM 방식으로 생산되는 제품들이 많은데, 이들 제품들을 만든 실제 회사가 어디인지도 알 수 없는 경우가 많고, 조명기구의 스펙 또한 최소한으로만 표기해 놓은 경우가 많다. 제품을 구입할 때 여러 조명 회사의 제품들을 꼼꼼히 비교해 볼 필요가 있다.

> -주택의 조명 인테리어에 다운라이트를 많이 사용하고 있지만
> 다운라이트의 배광에 대한 이해 없이 무지성으로 시공되고 있습니다.-

15장

조명 관련 필수 용어

- 색온도(Color temperature): 광원의 색을 절대 온도를 이용해 숫자로 표기한 것이다. 앞서 주광색, 전구색의 예시를 보였었는데, 주광색이나 전구색은 조명 제품을 고를 때 소비자의 이해를 돕도록 만든 용어이고 실제로는 색온도의 표기를 켈빈(kelvin) 값으로 표시한다.
- 연색성(Color Rendering): 2장에서 연색성의 개념을 설명했었는데, 조명에서 연색성 표기는 CRI값으로 표기한다. 이 값이 클수록 자연광을 기준으로 하는 색의 표현력이 우수하다고 볼 수 있다. 90 이상의 값이면 우수한 값의 연색성을 지닌 조명이다.
- 광속(Lumen, lm): 광원에서 나오는 빛의 총량.
- 조도(Lux, lx): 단위면적당 받는 빛의 양.
- 휘도(Candela/㎡): 눈에 실제로 느껴지는 밝기감.
- 광도(Candela, cd): 특정 방향으로의 빛의 세기.
- 광효율(lm/W): 전력 대비 빛의 효율성.
- 빔각(Beam Angle): 빛이 퍼지는 각도.
- 배광(Light Distribution): 조명기구에서 빛이 나가는 방향과 세기.

- 글레어(Glare): 불쾌한 눈부심.
- 조광(Dimming): 밝기 조절 기능.
- 플리커(Flicker): 빛의 깜빡임 현상.
- 역률: 전력 효율성 지표.
- IP등급: 방수/방진 성능.

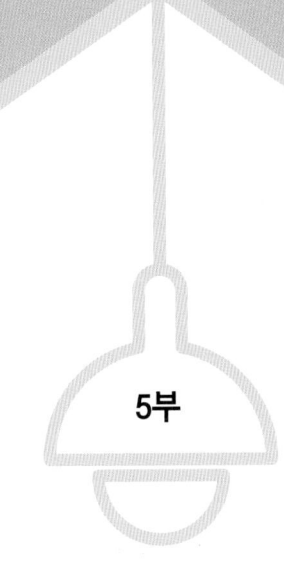

5부

단계별 조명 인테리어 따라가기

16장

기초 분석 및 조사 단계

가상의 집 평면도 (25평, 남향)

조명 디자인 과정의 이해를 돕기 위해 가상의 가족과 가족이 거주하는 가상의 집을 가정하였다.

구성원	연령	직업	안구 질환 여부	구성원 소개
남편	42	회사원	없음	평범한 회사원이고, 평일에는 오전 8시에 출근해 오후 6시에 퇴근한다. 주말에는 가족들과 시간을 보내며 집에서(특히 거실 소파에서) 휴식을 취한다. 취미로 무협소설을 즐겨 읽는다.
아내	40	가정주부	없음	평범한 가정주부로, 요리가 취미이다. 오전에는 집안일을 마치고, 오후에는 식탁에서 완성된 요리들을 사진으로 찍고, 찍은 사진을 편집해 블로그 글을 쓰는 작업을 한다.
아들	11	학생	없음	조용한 성격의 아들로, 방과 후에는 자신의 방에서 책 읽는 것을 좋아한다.
딸	9	학생	없음	또래 친구들에 비해 조용한 성격의 딸로, 집에 있을 때는 엄마 아빠만 졸졸 따라다니는 집안의 애교쟁이이다.

{표16-1} 가상의 가족 소개

공간	주 이용 구성원	이용 용도
주방·식당	가족 전체	식사, 요리, 블로그용 사진 촬영, 식탁에서 노트북 작업
거실	가족 전체	주말엔 소파에서 남편 휴식 및 독서
침실1	부부	휴식
침실2	아들	휴식 및 책상에서 독서
침실3	딸	휴식

{표16-2} 공간별 이용 용도와 주요 이용자

공사계획-목공공사 없이 기존 거주 중에 조명부분인테리어만 진행

인간중심 조명의 첫 출발은 각 공간마다의 이용 용도와 이용자의 특징, 성향을 조사

하는 것이다. 개인마다 빛을 경험하는 느낌이나 선호도, 이용 용도가 다르고 나이별, 성별, 안과 질환 여부 등에 따라 빛의 환경을 다르게 계획해야 하기 때문이다. 또한 공간의 용도에 따라 밝기나 분위기도 다르게 계획해야 한다. 다음으로는 공사 예산을 설정하고 대략적인 공사 날짜를 계획한다. 공사 예산은 변수를 감안해 10~20% 넉넉하게 책정하는 것이 좋다.

이사 갈 곳이나 기존 거주하는 곳의 조명 환경을 조사할 필요가 있다. 우리나라 가정의 대부분은 중앙에 조명 1개를 달아 공간 전체를 조명하는 '1실1등' 방식의 조명이 설치되어 있다. 기존 조명의 밝기, 색온도, 광원의 형태(LED인지, 형광등인지), 조작 방식 등을 체크한다. 인테리어 과정에서 기존 조명을 계속 사용할지, 교체할지, 폐기할지를 결정하기 위함이다. 건축 연식이 오래된 경우는 조명 인테리어 공사가 불가능한 경우가 간혹 있다. 매립 조명 시공을 위한 이중 천장 상태를 체크하고 전기 배선 상태라든지 건물 구조를 파악하여야 한다. 실내 구조와 길이, 마감재를 조사하고, 창문의 종류와 위치를 체크하고, 방위와 시간대별 자연광의 유입량 등을 체크한다. 창문을 통해 이웃하는 건물과의 연관성을 조사하고, 정원이 있는 집이라면 정원의 조명 환경을 체크한다.

-조명 인테리어의 완성도를 높이려면 꼼꼼한 기초 조사가 기반이 됩니다.-

17장

조명 인테리어 컨셉 잡기

기초 분석 및 조사를 마쳤다면 다음 할 일은 공간의 컨셉을 잡는 일이다. 우리가 임의로 가정한 가상의 가족들은 집을 어떤 용도로 주로 이용할까? 남편의 경우 집은 주말에 가족들과 시간을 보내는 장소이며 소파에서 휴식을 취하거나 책을 읽는다. 주된 용도가 휴식이다. 아내의 경우 집에 거주하는 시간이 다른 가족보다 길다 보니 다양한 활동을 겸하고 있다. 아들과 딸의 경우도 가끔 공부와 독서를 하는 시간을 제외하면 집은 휴식을 취하는 장소. 대부분의 다른 집도 마찬가지겠지만 집이라는 공간의 주 용도는 휴식과 가족과의 교류 정도로 압축할 수 있을 것 같다.

조명 기술이 발달하며 밤에도 낮과 같은 빛 환경의 연출이 가능해지면서 집의 활용도가 높아졌다. 현대인들이 실내 생활을 하는 시간이 많이 늘어나면서 재택근무를 한다든가 그 밖에 여러 가지 작업을 하는 등 집을 다양한 용도로 사용하는 경우가 많다. 그 때문에 집 조명을 무조건 밝은 조명으로 하길 원하는 경우가 많다. 집이라는 공간은 작업 활동을 하는 시간보다는 휴식으로서 기능하는 시간이 훨씬 긴 공간이다. 때문에 전체적으로 밝은 조명보다는 작업이 주로 이루어지는 영역에 한해 밝게 비추되 나머지는 휴식을 위한 적당한 밝기의 조명을 사용하는 것이 좋다.

불을 켰을 때 전체적으로 밝은 조명은 시야 확보가 잘 되니 잠깐 기분이 좋아진다고 착각할 수 있다. 하지만 밝은 조명이 지속된다면 항상 긴장 상태에 놓임으로써 제대로 된 휴식을 취할 수 없게 되어, 집 조명으로는 결코 좋은 조명이라고 할 수 없다. 즉 예제의 가족에게 집의 의미는 '휴식과 가족의 보금자리'라는 목적이 가장 크고 이러한 컨셉으로 조명 설계를 하는 것이 정답이다.

-예산을 추가한다면 2가지 이상의 컨셉으로 조명하는 것도 가능합니다.-

18장

거실·식당·주방(LDK) 조명 설계

LDK는 Living room, Dining room, Kitchen의 앞 글자를 딴 용어로 거실 식당 주방의 구조를 설명할 때 사용된다. LDK는 집에서 가장 핵심적인 공간이다. 예제의 아파트 평면도를 보면 LDK가 오픈되어 1개의 통일된 공간으로 이어져 있다. 이럴 경우 하나의 공간처럼 인식하면서 조명을 설계하여야 한다. 하나의 공간처럼 인식한다는 것의 정확한 의미는 LDK공간의 모든 조명의 색온도를 가급적이면 통일하고, 가급적이면 같은 종류의 조명기구를 사용하고, 조명기구의 배치에 있어서도 연관성 있게 배치하는 하여야 함을 뜻한다.

가장 먼저 할 일은 LDK의 메인 조명 색온도를 결정하는 일이다. LDK는 집에서 가장 핵심적인 공간이기 때문에, LDK의 메인 조명 색온도는 전체적인

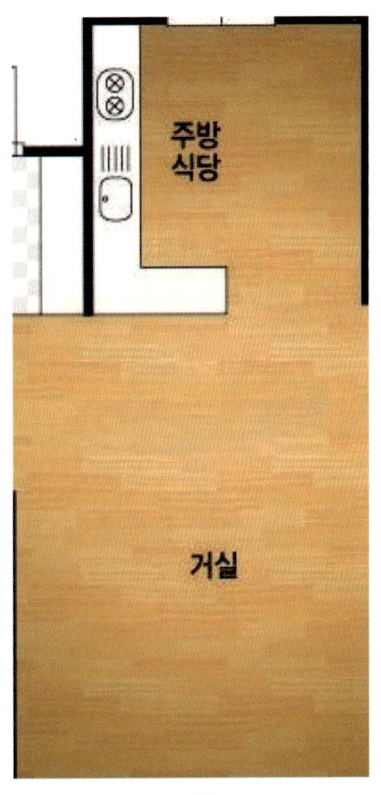

LDK

집안의 분위기를 좌우한다. 앞서 가상의 집의 컨셉을 휴식과 가족의 보금자리로 정하였다. 그렇다면 컨셉에 가장 어울리는 조명의 색온도는 무엇일까? 집에서 조명은 낮에는 잘 사용하지 않다가 오후 무렵부터 잠들기 전까지 주로 사용을 한다. 5장의 표5-1에서 보듯이 전구색 조명은 멜라토닌 분비를 촉진시켜 건강한 수면을 돕는 기능이 있고, 따뜻함과 편안한 느낌을 주고, 커뮤니케이션을 돕는 기능이 있다. 여러 면에서 주광색 조명보다는 전구색 조명이 컨셉에 맞는 조명의 색온도다.

하지만 LDK공간은 휴식 이외에도 여러 가지 활동이 이루어지는 공간이다 보니, 3000K 이하의 낮은 색온도는 개인에 따라 너무 어둡다고 느껴질 수도 있다. 3500K나 4000K의 색온도를 메인 색온도로 정하는 것을 추천한다. 거실에서 주방이 직접적으로 보이지 않거나 LDK의 면적이 넓은 집이라면 거실은 3000K 주방은 3500K나 4000K의 색온도로 구성하는 방법도 괜찮다. 중요한 것은 공간에 있는 사람이 <u>이질감이 느껴지지 않도록 색온도를 구성하는 것</u>이기 때문에 여러 가지 요소를 고려해 결정한다. 벽의 마감재, 가구의 재질이나 색에 대해서도 고려해야 한다. 휘도가 낮은 마감재(어두운색 벽지나 페인트)나 가구는 같은 색온도라도 더 어두운 느낌이 난다.

반대로 휘도가 높은 마감재나 가구는 같은 색온도라도 더 밝은 느낌이 난다. 벽지나 가구가 시원한 계열 색상일 때 따뜻한 계열 색온도의 조명 빛을 받으면 어색해 보이고 부자연스러워 보인다. 반대로 벽지나 가구가 따뜻한 계열 색상일 때 시원한 계열 색온도의 조명 빛을 받으면 어색해 보이고 부자연스러워 보인다. 예제의 집은 보통 가정에서 많이 사용하는 흰색 벽지로 가정하고, 거실과 주방이 직접적으로 보이는 구조에다가 거리도 가까우므로 <u>메인 색온도를 4000K으로 통일하는 것</u>으로 결정하였다.

-오래된 집 구조는 LDK가 각각 분리되어 있는 경우도 있습니다.
집 구조에 맞는 조명을 계획해야 합니다.-

어두운색 타일을 사용한 욕실, 휘도가 낮다.

19장

호텔 같은 조명을 만드는 법

 호텔을 가면 왜인지 편안한 공간이라는 기분이 든다. 이런 기분이 드는 이유는 실내장식과 푹신한 침구 등 여러 가지 요소가 있겠지만 호텔 특유의 조명 디자인도 한몫을 하고 있다. 그리고 집에서도 호텔과 같은 조명의 분위기를 내고 싶어하는 분들이 많다. 호텔과 같은 조명으로 연출된 공간은 왜 편안한 기분이 드는 걸까?

방크 호텔(프랑스)

룰라 호텔(뉴욕)

한낮의 높은 고도의 태양이 있을 때에 인간은 각성 상태에 놓이기 때문에 이 시간에는 모두 열심히 일한다. 저녁 시간 날이 저물어 가면서 태양이 낮은 고도에 걸쳐지고 하늘은 점점 붉게 물들어 갈 때쯤 우리는 하루를 마감하고 집으로 돌아갈 준비를 한다. 따뜻한 하늘빛의 노을 풍경을 보면서 이제 집에 들어가 쉴 수 있다는 기대감에 긴장이 풀어지고 편안함을 느끼게 된다. 집으로 돌아왔을 때 저녁 노을 같은 조명 연출이 계속 이어져야 우리의 생체 리듬도 동조하여 더 깊은 휴식을 취하도록 도와줄 것이다. 즉 저녁 노을과 같은 분위기로 집 조명을 연출해 준다면 호텔처럼 편안한 분위기의 조명 환경을 만들 수가 있다.

저녁 노을 같은 조명 연출의 포인트는 저녁의 낮은 고도에 걸린 태양처럼 낮은 위치에 조명을 배치하고, 붉은 노을과 같은 낮은 색온도의 조명을 사용하고, 저녁과 같이 약간 어둑어둑한 밝기를 만들어야 한다.

저녁 노을이 연상되는 분위기의 공간

저녁 노을 같은 분위기의 조명을 계획했다면 조명기구는 어떤 종류로 사용할지, 어디에 얼마만큼의 조명을 배치할지, 부분 조명 사용 여부 등을 결정해야 한다. 앞서 1실1등의 조명 설계를 피해야 한다고 여러 번 강조하였다. 이를 위해선 높은 와트(W)의 조명 몇 개를 사용하는 것보다 낮은 와트(W)의 조명 여러 개를 사용하여 분산 배치를 하는 디자인이 필요하다.

　플로어스탠드, 테이블스탠드, 벽부등 같은 인테리어 조명은 장식 효과도 있으면서 낮은 광원의 설계가 가능하기 때문에 좋은 선택이지만 단점도 존재한다. 일단 벽부등의 경우 벽부등을 설치할 자리에 전원으로 사용할 전기선이 인입되어 있지 않다면 새로 전기선을 인입하기 쉽지 않기 때문에 시공이 제한적이다. 벽부등은 설치만 가능하다면 여러 장점이 많은 형태의 조명이다.

다양한 벽부등

　플로어스탠드나 테이블스탠드의 경우 장식 효과가 있고 교체가 쉽다는 장점과 높낮이 조절에 유연하다는 장점이 있다. 단점으로는 여러 개를 사용할 경우 개별 제어의 번거로움이 있고, 바닥이나 테이블 위에 두기 때문에 자리를 차지한다는 단점이 있다.

그리고 플로어스탠드나 테이블스탠드는 개별 LED전구를 별도로 끼우는 벌브 형식의 디자인이 많은데 이 경우 6장에서 설명한 빛의 품질 문제가 발생한다.

램프를 따로 구입해 끼우는 형태의 테이블스탠드

LED전구를 끼우는 형식의 벌브형 조명기구는 전구 사이즈만 맞는 것을 끼운다면 광원의 종류와 상관없이 기구를 사용할 수 있게끔 디자인된 조명이다. 이러한 형태의 조명기구는 백열등이나, 형광등과 같은 광원에서는 문제없이 작동했을지 몰라도 안정기와 LED조명 본체가 합을 이루어야 품질 문제가 발생하지 않는 LED조명 특성상 품질 그래프의 빠른 저하가 있을 수밖에 없다. 그럼에도 불구하고 플로어스탠드나, 테이블스탠드는 여러 장점이 많기에 부분 조명으로 많이 사용하고 있다.

분산 배치를 위한 디자인에 적합한 또 하나의 조명은 바로 다운라이트다. 매입형 다운라이트 여러 개를 공간에 분산 배치하여 천장에 시공하면 자리를 차지하지 않을뿐더러 공간이 깔끔해 보인다는 장점이 있다. 스위치 하나로 여러 개의 다운라이트 제어가 가능하고, 좋은 품질의 안정기가 달려 있는 제품을 사용한다면 좋은 품질의 빛 환경을 유지할 수 있다. 전체적인 조명은 다운라이트를 사용하면서 부분 조명으로 플로어스탠드나, 테이블스탠드를 사용하는 것이 가장 기본적인 형태의 조명 디자인이다.

*-비유하자면 호텔의 조명을 밝고 환한 조명으로 교체한다면
모텔과 같은 조명이 되어 버릴 것입니다.-*

20장

다운라이트 선택 가이드

앞서 저녁 노을과 같은 조명 연출의 조건으로 낮은 위치의 조명을 배치하여야 한다고 했다. 다운라이트로 전체적인 조명 계획을 할 경우 주의할 점은, 확산형 다운라이트의 사용을 가급적이면 배제해야 한다는 것이다. 확산형 다운라이트를 배제해야 하는 이유는 점등을 했을 때 눈이 부신 이유가 있고, 천장에 시공했을 때 확산판에 빛이 닿아서 확산판자체가 광원처럼 보여지기 때문이다.

게다가 소비자는 대게 밝은 조명을 원하기 때문과 천장에 다운라이트를 빽빽하게 시공을 하는 케이스가 많은데, 이는 마치 한낮에 높은 고도에 걸린 태양을 연상시킨다. 게다가 많은 수의 조명을 설치하다 보니 천장이 지저분해 보이기도 하고 이 때문에 시공 후에 후회하는 소비자도 많다.

쇼핑몰에서 다운라이트 제품을 검색하면 크기가 몇 인치인지를 강조해서 상품명을 노출시키고 있다. 조명을 구입하려는 소비자들이 몇 인치의 다운라이트를 선택할 것인가가 가장 큰 관심사이기 때문이다. 다운라이트의 크기가 주된 관심사가 된 이유는 위에 설명했듯이, 가정집에 광원이 보이는 다운라이트로 천장에 빽빽히 시공하는 조명 설계가 많기 때문이다.

천장에 빽빽하게 시공된 다운라이트 조명

　이런 식의 조명 설계가 무조건 잘못된 예라고는 할 수 없다. 이런 설계가 처음 시도된 케이스는 상업 공간이었다. 상업 공간은 상품이 잘 보일 수 있도록 낮에도 밝은 조명이 필요하기 때문에 상대적으로 많은 수의 조명이 필요하다. 그리고 천장에 광원이 많이 보이는 것이 상업 공간에서는 화려하게 보이는 효과를 주기 때문에 결코 나쁘지 않은 디자인이다. 하지만 이러한 디자인을 무조건 따라해서 가정집에 접목시킨 것이 문제다. 가정집과 상업 공간은 애초에 컨셉이 다르기 때문에 같은 디자인을 적용할 이유가 없다.
　그래서 이런 디자인에 변화를 주고자 하는 소비자들은 크기가 작은 다운라이트 제품에 관심을 가지기 시작했다. 처음엔 3인치 크기의 다운라이트가 여러 개 천장에 달려 있는 것이 눈에 거슬렸다. 그래서 2인치 다운라이트가 유행이 되었고, 2인치로도 부족하다 여겨져 1.5인치 제품까지 시공되었다. 시공해보니 원하는 밝기가 나오지 않자 결국 다시 3인치로 회귀하거나, 두세 개씩 짝 지어 설치하는 등 다양한 방식으로 조명을 조정하며 고민하고 있다. 하지만 이 문제의 원인은 애당초 다운라이트 크기에 있는 것이 아니기 때문에 다운라이트 크기를 바꾼다고 해서 달라지는 것은 크게 없다.

이에 대한 해결책은 점등했을 때 천장에서 광원이 잘 안 보이는 다운라이트 제품으로 시공하면 된다. COB형 다운라이트의 광원을 둘러싼 주변부를 베플이라고 부른다. COB형 다운라이트 중에서도 특히 '글레어리스 다운라이트'는, 점등을 했을 때 이 베플 부분에 빛이 거의 닿지 않도록 하면서도 어두운색(또는 알루미늄 재질)으로 마감하여 반사된 빛이 거의 보이지 않도록 디자인된 다운라이트를 말한다.

보충설명

글레어리스라는 용어는 업계 표준용어가 아니기 때문에 저마다 다른 이름으로 부르기도 한다. 이 책에서는 글레어리스라는 용어를 차용하여 사용하되, 어떤 용어를 사용하든지 간에 점등했을 때 베플 부분이 밝아 보이지 않는 제품을 말한다.

글레어리스 다운라이트

베플 부분에 반사된 빛이 안 보인다면 천장에 다운라이트가 많이 있어도 크게 의식되지 않는다. 그리고 다운라이트의 크기 또한 중요하지 않기 때문에 몇 인치를 선택해야 하는지 고민할 필요가 없다. 그보다는 다운라이트에서 나온 빛이 어떤 형태의 빛인지를 더 관심 가져야 한다.

천장에 광원이 드러나지 않도록 설계된 이 상업 공간은, 빛이 만들어내는 섬세한 음영 덕분에 한층 더 분위기 있는 공간감을 자아낸다. 빛이 시선을 끌되, 광원은 보이지 않아 더욱 자연스럽게 빛 자체에 집중하게 된다.

베플에 빛이 닿지 않을 뿐이지 바로 밑에서 보면 광원이 직접적으로 보이므로 천장에 광원이 아예 안 보인다는 의미는 아니다. 이것이 의미하는 것은 '천장에 광원이 동시에 여러 개가 보일 때'가 문제라는 것을 알 수 있다. 글레어리스 다운라이트도 장단점이 존재한다. 베플이 어두운 색으로 디자인되다 보니 반사 빛을 머금어 버려서 광량에서 손해를 보게 된다. 밝은 색 베플보다는 광량에서 손해를 보지만 어차피 우리는 어둑어둑한 공간을 연출해야 하기 때문에 이는 큰 문제가 되지 않는다. 오히려 자연스럽게 어둑어둑한 분위기가 연출되기 때문에 장점이라고 할 수 있다. 그리고 일반적인 다운라이트에 비해 가격이 다소 높은 편이다. 검은색 베플 다운라이트의 경우는 베플에 먼지가 붙은 것이 잘 보인다는 단점 등이 있다.

그리고 앞서 언급한 장점 이외에 글레어리스 다운라이트의 또 한 가지 장점은, 다운라이트로 조개 모양의 무늬(scallop pattern) 혹은 산 모양이라고도 불리는 장식 무늬를 벽에 그릴 때 깔끔한 모양이 나오는 조명이라는 것이다. 일반적인 다운라이트는 산 모양을 그리기 위해 벽에 비출 때 산 모양 위로 지저분한 무늬가 그려진다. 주된 원인은 베플에 반사된 빛이 2차 광원의 역할을 하기 때문이다.

산 모양 무늬 위로 2차 광원에 의해 여러 겹의 층이 형성되어 지저분한 무늬를 그린다(일반적인 다운라이트).

지저분한 무늬가 없이 깔끔한 산모양이 그려진다(글레어리스 다운라이트).

외국의 사례에서는 이것이 꽤 중요한 이유로 대두되곤 하는데 국내에서는 이러한 문제점이 잘 대두되지는 않는 것 같다. 대부분의 소비자들이 공간에 밝은 조명을 원하다 보니까 상대적으로 약한 2차 광원의 지저분한 무늬가 눈에 잘 띄지 않기 때문인 것 같다. 노을과 같은 빛 환경의 연출에서는 어둑어둑한 조명 연출이 필요하기 때문에 다운라이트의 2차 광원에 의한 지저분한 무늬가 눈에 띨 수도 있다. 글레어리스 다운라이트를 사용한다면 베플에 반사되는 빛이 거의 없기 때문에 2차 광원의 의해 벽에 그려지는 지저분한 무늬가 거의 생기지 않는다. 그래서 벽쪽에 일부러 산 모양 무늬를 넣을 때는 글레어리스 다운라이트를 선택하는 것이 좋다.

-공간이 도화지라면 다운라이트는 붓과 같습니다.
어떤 붓을 선택하느냐에 따라 공간의 빛 연출이 많이 달라집니다.-

21장

작업 영역에서 중요한 측정 단위
-조도(lux)와 보수율의 이해

저녁노을 같은 조명을 연출하더라도, 특정 작업이 주로 이루어지는 공간/영역만큼은 밝은 빛이 필요하다. 예제의 집의 가족의 구성원 소개를 참고할 때 LDK에서 작업이 빈번히 이루어지는 영역은 거실 테이블 위, 식탁 위, 그리고 주방 쪽이다. 특히 주방은 재료를 손질하거나 요리를 하는 공간이므로 밝기가 부족하지 않도록 신경 써야 한다. 조도는 어떤 면이 받는 빛의 세기를 나타내는 값으로 lux 단위를 사용해 표기한다. 조리나 칼질이 이루어지는 세밀한 영역은 700lux 이상의 조도가 확보되어야 하고 그 이외의 부엌 공간은 300~500lux의 조도가 확보되어야 한다.

그리고 보수율에 대한 계산을 해야 한다. 조명기구는 시간이 경과함에 따라 밝기가 매년 조금씩 줄어들 수밖에 없다. 새 제품 조명의 밝기가 100%라고 할 때 대략 밝기가 60% 정도까지 떨어졌다면 교체를 권장하고 있다. 그래서 목표로 하는 영역의 밝기가 조명기구 성능의 80%(100%와 60%의 중간값) 수준의 조도 데이터와 일치시킨다면 조명기구를 사용하는 전체 기간 동안 너무 밝지도 너무 어둡지도 않게 사용할 수 있을 것이다. 보통 가정집의 조명 설계는 80% 수준의 보수율을 설정하고 표기로는 보수율 값 0.8로 표기한다. 앞서 조리나 칼질이 이루어지는 영역이 700lux 조도가 확보되어야 한다고 말했지만 보수율 값0.8을 적용하여 설계 조도= 목표 조도/보수율 = 700/0.8 = 약875 lux를 목표로 하여야 한다. 실무에서 보수율은 각각의 상황마다, 공간마다 다르게 적용하는데 이 예제에서는 편의상 0.8로 일괄 적용하였다.

그러면 이런 조도는 어떻게 측정을 할 수 있을까? 조명 전문 업체나 조명 디자이너는 실제로 측정을 하지 않더라도 컴퓨터 시뮬레이션 프로그램을 사용해 측정 데이터를 얻을 수 있다.

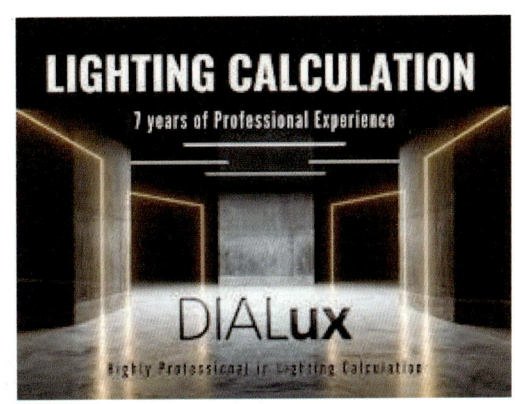

조명 설계 전문 프로그램인 Dialux. 이외에도 다양한 프로그램들이 존재한다.

물론 개인도 조명 관련 시뮬레이션 프로그램 사용법을 익히고 관련된 개념들을 배운다면 사용할 수 있지만 그러기엔 공부하고 익혀야 할 내용이 너무 많기 때문에 추천하는 방법은 아니다.

다른 방법으로는 조도 측정기를 하나 구입하고 밝은 조명이 필요하다 생각되는 곳에서 임의로 조명을 배치해 시험 측정을 해 보는 방법이 있다.

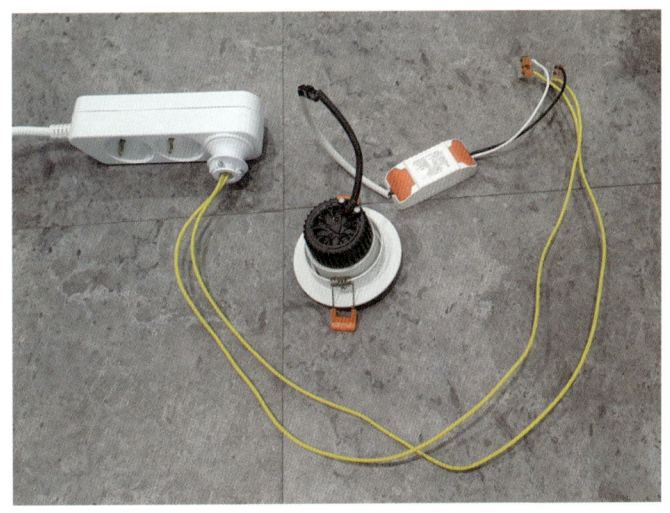

전원코드에 다운라이트를 연결하고 멀티 탭에 꽂은 모습

전원 코드 케이블을 구입해 조명과 연결한 후, 멀티탭에 꽂고
조명이 배치될 위치에서 시험 측정을 진행한다.

부엌은 집에서 가장 밝은 빛을 필요로 하는 공간이다. 거실과 부엌이 별개의 구조라면 부엌의 조명 배치는 그렇게 어렵지 않다. 조명을 여러 개 사용하여 밝게만 비추면 문제가 없기 때문이다. 18장에서 살펴보았듯이 현대식의 집 구조는 부엌, 식당, 거실이 서로 이어져 있는 한 공간으로 인식되기 때문에 조명 배치에 많은 신경을 써야 한다. 부엌은 수납장도 많고 작업이 주로 이루어지는 공간이기 때문에 여러 방향으로 빛을 보낼 수 있는 확산형 다운라이트를 사용하면 좋은 공간이다. 하지만 거실쪽은 주로 글레어리스 다운라이트를 사용할 것이기 때문에 부엌과 거실이 하나의 공간으로 인식되는 상황에서, 서로 다른 종류의 다운라이트가 배치되면 공간의 통일성이 떨어진다. 때문에 가급적이면 부엌에서도 글레어리스 종류의 다운라이트를 사용하길 권장한다. 하지만 모든 집의 상황과 구조가 다르고 조명기구의 수급이나 예산 등이 다르므로 각각의 상황에 맞는 최선의 선택을 해야 한다. 어떤 집은 부엌에 확산형 다운라이트 몇 개를 배치해도 눈에 안 띄는 집 구조일 수 있다. 또 어떤 집은 부엌이 천장고가 높고 크기도 넓어서 다운라이트보다는 레일 조명 같은 조명이 필요한 집 구조일 수 있다. 현재 집 구조에서 <u>어떤 디자인의 조명이 최선일지에 대한 판단은 지금의 공간을 설계하는 책임자의 역량에 달려 있다.</u>

다운라이트로 조리대의 화구와 개수대를 비출 때는 자신의 그림자가 작업 공간에 드리우지 않도록 조명의 위치를 신경 써야 한다.

머리 뒤쪽으로 배치한 다운라이트로 인해 화구에 그림자가 드리우고 있다.

LDK 2

머리 위쪽으로 다운라이트의 배치를 바꾸자 그림자가 드리우지 않는다.

LDK 3

1번, 2번:
[글레어리스 다운라이트]

색온도	4000K
광량	1118lm
빔각도	38°

화구와 개수대 쪽을 비추는 다운라이트 2개를 배치했다.

보충설명

▶ 광량-조명기구를 통해 나오는 빛의 총량을 말한다. 일반적인 인식은 조명의 세기를 몇 W의 전력을 사용하는지로 판단하는데 이는 틀린 말이다. W가 높아도 효율이 좋지 않다면 광량은 상대적으로 적고, W가 낮아도 효율이 좋다면 광량이 상대적으로 높다. 조명 제품을 구입할 때 몇 lm의 제품인지를 우선 확인하고 그 다음 몇 W를 사용하는 제품인지를 확인하여 효율이 좋은지 나쁜지를 판단하면 된다.

▶ 조사각도(빔각도)-광량이 높아도 조사각도가 넓으면 특정영역을 비추는 표면에 상대적으로 적은 빛이 떨어진다. 반대로 광량이 낮아도 조사각도가 좁으면 특정영역을 비추는 표면에 상대적으로 많은 빛이 떨어진다. 조사각도가 35~55도 사이의 조명을 전반조명이라 한다. 일반적으로 사용되는 다운라이트의 조사각도이다. 조사각도가 15~25도 사이의 조명을 엑센트 조명이라 한다. 조사각도가 좁으므로 빛이 집중된다. 비추는 대상을 강조할 때는 주로 엑센트 조명이 사용된다.

3번, 4번:	
[글레어리스 다운라이트]	
(편광형)	
색온도	4000K
광량	589lm
빔각도	38°

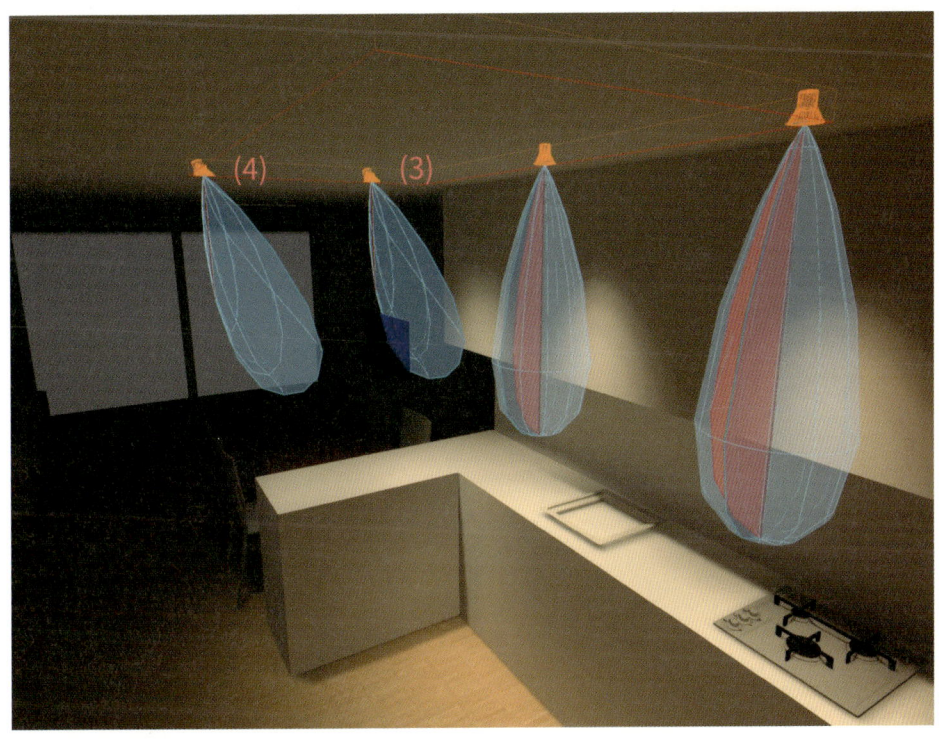

조리대 왼쪽 부분이 아직 어두우므로 조리대 위쪽을 비추는 다운라이트 2개를 더 추가해 주었다.

다운라이트 밑의 파란색 이미지는 배광 곡선으로 빛이 향하는 방향을 알 수 있다. 화구와 개수대 쪽은 특히 많은 조도가 필요하기 때문에 빛을 수직으로 비추는 다운라이트를 배치했고, 조리대 왼쪽 부분에 추가한 다운라이트의 경우 사선 방향의 배광 곡선을 가진 다운라이트를 배치했다. 빛의 방향이 사선이기에 조도가 너무 세지 않으면서 최대한 넓게 퍼지면서 고르게 비춰 주게 된다. 그리고 식탁 쪽으로 빛이 최대한 닿지 않게끔 배치해야 한다.

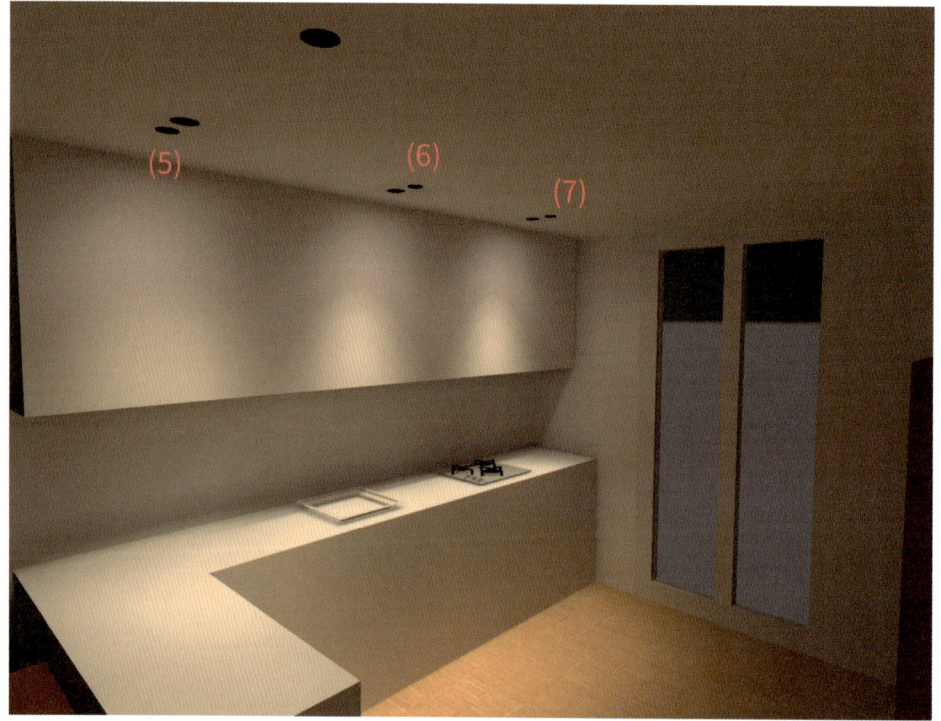

지금까지 배치한 다운라이트만으로는 싱크대 상부장 쪽으로는 빛이 많이 닿지 않기 때문에 상부장을 비추는 별도의 다운라이트가 필요하다.

5번, 6번, 7번: [월워셔 다운라이트]	
색온도	4000K
광량	445lm
빔각도	55°

이 예제에 사용된 월워셔 다운라이트는 특정한 각도로만 빛을 보내도록 디자인되어 있는 다운라이트로, 베플의 재질은 알루미늄으로 되어 있고 중심부는 반투명 재질의 확산판이 달려 있다. 각도를 살짝 틀어 배치하면 다른 각도에서는 광원이 안 보이게 할 수 있는 구조이기 때문에 글레어리스 다운라이트 같은 제품의 효과를 낼 수 있다. 예제에서는 거실 반대쪽으로 각도를 살짝 틀어 거실 쪽에서 이 다운라이트를 쳐다볼 때는 광원이 안 보이도록 에이밍해 주었다.

월워셔 다운라이트

LDK 6

화구와 개수대쪽의 조도 데이터를 위색 형식의 이미지로 시뮬레이션에서 표현한 것이다.

싱크대 상부장에 가려져 조리대 위쪽으로는 조금 어둡지만 앞서 목표로 한 조도(875lux 이상)는 대체적으로 달성했다. 조도가 모자란다고 생각되면 상부장 하단에 간접 조명을 넣는 방식을 생각해 볼 수 있다.

LDK 7

조리대 전체적으로 조도의 데이터를 보여 준다.

나머지 조리대 쪽과 싱크대 상부장 쪽으로는 어느 정도 만족스러운 조도 값을 얻었지만 싱크대 하부장 쪽으로는 조금 어둡다. 추가적인 조명을 배치할 수 있겠지만 하부장은 상부장보다 사용 빈도가 낮기 때문에 이 예제에서는 이 정도의 조명만 배치하기로 결정하였다.

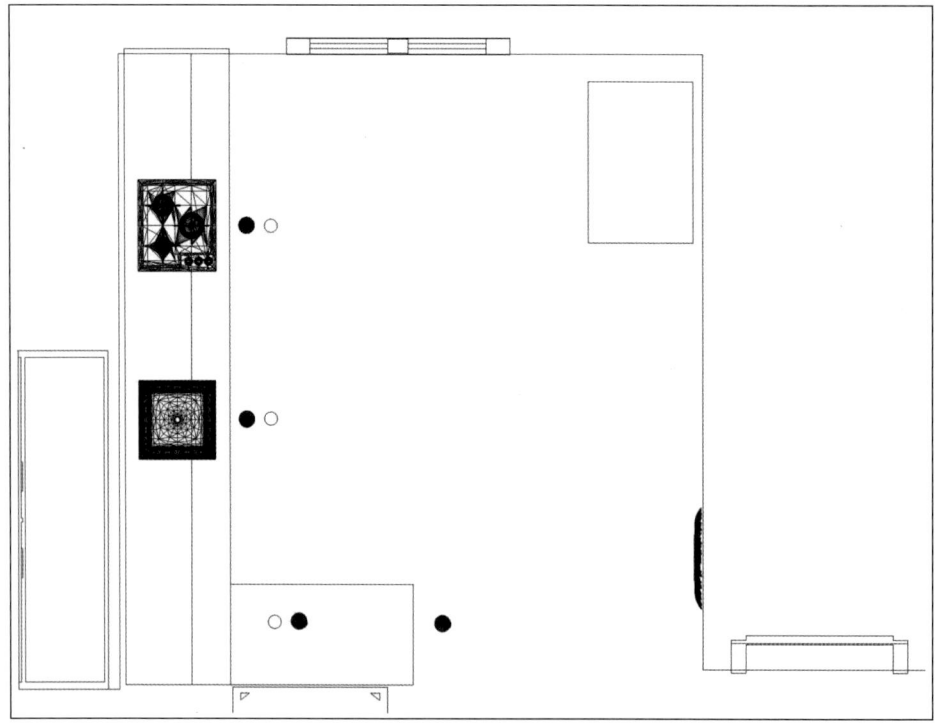

주방 쪽에 배치한 조명의 평면도이다.

-전문적인 조명 시뮬레이션 프로그램을 사용해 조명 설계를 한다면
밝기에 대한 데이터를 얻기 쉬운 장점도 있고,
시공 전에 어떤 분위기의 공간이 될지
컴퓨터 이미지로 미리 확인해 볼 수 있습니다.

설계 중에 얼마든지 수정해 보면서
원하는 분위기를 찾을 수 있는 것이 가장 큰 장점입니다.
하지만 시공 후 실제로 보는 모습과는 약간 차이가 있기 때문에
어디까지나 참고용으로 봐야 합니다.-

22장

소파 쪽 조명은
여러 가지 고려해야 할 요소가 많다

소파에서 일어날 수 있는 여러 가지 씬(Scene)과 고려해야 할 사항을 나열하자면 다음과 같다.

- ▶ 소파에서 휴식을 취할 때
- ▶ 가족이나 손님과 같이 앉아 대화를 나눌 때
- ▶ 소파 뒤쪽 벽 포인트 조명(산 모양 무늬)
- ▶ 소파 앞 테이블의 작업 조명

이처럼 거실 소파는 여러 가지 용도로 사용되기 때문에 각각의 씬마다 조명 회로를 나누어 제어하면 좋겠지만, 이를 매번 제어하는 것은 번거로운 일이다. 가급적이면 단순한 제어를 하면서도 여러 가지 상황을 종합적으로 고려하는 조명 배치를 생각하여야 한다.

거실 이미지

    소파에 누워서 휴식을 취하는 용도로 자주 사용한다면, 소파 바로 위쪽에 배치한 다운라이트로 인해 심한 눈부심이 발생한다. 소파 위쪽 다운라이트의 조명 회로를 분리하여 따로 끌 수 있도록 한다든가, 제품에 따라 빛을 비추는 각도를 수동으로 조정할 수 있는 제품도 있다. 아니면 다운라이트 대신 업라이팅을 사용하는 방법이 있으며, 다운라이트의 각도를 잘 계산해서 배치한다면 소파의 끝쪽(누운 상태에서 머리가 위치한 부분)으로는 빛이 닿지 않도록 할 수도 있다.

업라이팅 사용 예

LDK 9

예제의 가족은 소파에 누워 휴식을 취하는 시간은 많지 않기에 소파 위로 다운라이트를 2개를 배치하였다.

8번, 9번:
[글레어리스 다운라이트]

색온도	4000k
광량	565lm
빔각도	39°

그리고 소파 뒤쪽 벽에 장식 요소로 산 모양 무늬가 마음에 드는 모양이 되도록 조명의 위치를 조정한다. 소파 위쪽의 조명은 가급적이면 앉아 있는 사람 기준으로 머리보다 약간 뒷쪽에 위치해야 얼굴에 짙은 그늘을 만들지 않는다.

손님이 방문했거나 가족 간에 중요한 대화를 나눌 일이 있을 때는 주로 소파에 앉아 많은 대화를 나눈다. 이때 조명이 가진 커뮤니케이션 기능을 이용하여 조명 연출을 계획해야 한다. 사람의 피부톤과 비슷한 색온도를 사용하는 스탠드를 소파에 앉은 사람들의 얼굴을 비추도록 배치한다. 특히 소파 위쪽에 배치한 다운라이트가 부득이하게 머리 위쪽에 배치되어 얼굴에 그늘을 만들게 된다면, 이 그늘을 상쇄할 수 있도록 얼굴 앞을 비추는 램프가 있어야 한다. 부드럽고 은은하게 비추는 램프의 조명이 자신과 상대방의 얼굴을 따뜻하고 호감 있는 인상으로 만들어 주고, 긴장을 풀어주어 깊은 대화를 나눌 수 있도록 도와줄 것이다.

스탠드의 높이는 소파에 앉아있는 사람의 얼굴 높이의 제품(약120cm)을 선택하도록 한다. 얼굴 높이보다 약간 높은 것은 괜찮으나 얼굴보다 낮은 높이에서 얼굴을 비춘다면 공포 영화에 나올 것 같은 인상을 만들게 된다.

램프갓은 크기가 클수록 좋고 반투명 소재여야 하며, 색상은 흰색이어야 한다. 다른 색상의 램프갓은 비추는 얼굴 또한 다른 색상으로 만들어 버리기 때문이다. 그리고 램프의 색온도는 비추는 대상의 얼굴톤과 비슷한 색상의 램프를 선택한다. 평균적인 한국인의 얼굴톤은 3500K 색온도의 램프색이 적당한데 3500K으로 생산되는 LED램프는 잘 없으므로 3000K나 4000K의 색온도의 램프를 사용한다. 자신의 피부톤이 밝은 편이라면 3000K를 피부톤이 어두운 편이라면 4000K 색온도를 권장한다.

LDK 10

예제에서는 3000K 램프를 장착하였다.

10번: [플로어스탠드]

색온도	3000k
램프형태	벌브형

소파 앞 테이블 위를 비추는 다운라이트를 배치해야 한다. 소파에 앉아있는 사람의 얼굴까지 빛이 닿게 되면 빛이 직접 눈에 들어와 눈부심이 발생하기 때문에 다운라이트에서 나온 빛은 테이블만 비추도록 해야 한다. 테이블에만 빛이 닿을 수 있도록 조사 각도가 작은 다운라이트를 선택한다.

조도의 데이터를 등고선 형태로 표현한 시뮬레이션 이미지로, 독서를 하기에는 조금 부족한 정도의 조도지만 거실 테이블의 조도로는 적당하다고 생각한다. 부족하다고 생각된다면 조명을 1개 더 추가로 배치한다.

11번:
[글레어리스 다운라이트]

색온도	4000K
광량	559lm
빔각도	24°

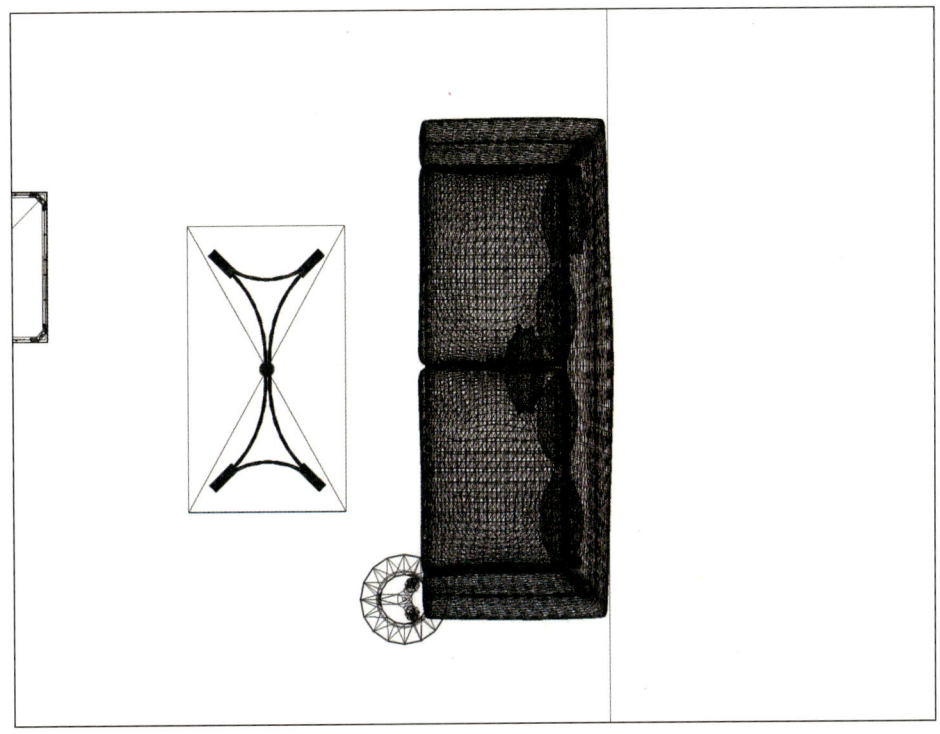

거실 쪽에 배치한 조명의 평면도이다.

-작은 조명 1개를 배치할 때에도 많은 고민이 필요합니다.-

23장
수직면 조명

백열전구, 형광등, 확산형 직부등, 확산형 다운라이트 이들 조명들의 공통점이 있다면 빛이 여러 범위로 넓게 퍼지는 조명이라는 것이다. 빛이 전방위로 퍼지다 보니 이들 조명의 설계 관점은 어떻게 하면 가장 적은 에너지로 공간에 빛을 채울지에만 초점이 맞추어져 있었다. LED 기술을 사용하는 COB형의 다운라이트가 개발되기 전의 가정집에서 사용하던 조명들은 모두 이런 '통짜' 배광을 가진 조명이었다. 그러다 보니 '디자인적 요소'가 개입하기 어려운 시대였다. (이전에도 각도를 제한하는 스탠드나 형광등을 사용한 COB형 다운라이트 제품이 있긴 했지만 사용이 제한적이거나 원하는 밝기가 나오지 않아 많이 사용되지 않았다)

형광등광원을 사용하는 다운라이트

COB형 다운라이트가 등장하면서 빛의 각도를 제한할 것인지 퍼지게 할 것인지, 빛을 얼마나 집중해서 보낼 것인지 아니면 눈부시지 않도록 약하게 보낼 것인지, 어디를 비추고 안 비출 것인지와 같은 고민들이 시작되었다. 이런 고민들은 이전에 통짜 배광을 가진 조명이 주류이던 시대에는 사실상 필요 없던 고민들이다. 주택에서 흔히 볼 수 있는 1실1등의 조명 설계는 통짜 배광을 가진 조명이 주류이던 시대의 산물이다. 조명 설계에 관한 주제에서 몇 평 공간에는 몇 W 조명이 필요한가를 고민하는 경우를 아직도 많이 볼 수가 있는데, 이는 통짜 배광 조명을 다루던 '구시대의 관습'이다.

COB형 다운라이트가 등장하면서 또 한 가지 자연스럽게 드는 고민은 조명을 벽에 비추어 밝게 만들 필요가 있는가란 궁금증이다. 이전에 통짜 배광의 조명들은 벽과 바닥 사방으로 빛을 보내 주기에 이런 고민을 할 필요가 없었다. 조명으로 벽을 비추는 이유는 심리적인 요인과 관계가 깊다. 휴식을 취하기 위해 누워 있는 경우를 제외하면, 공간에 있는 사람의 시선은 주로 벽 쪽을 향한다. 그렇기에 바닥뿐만 아니라 수직면을 같이 비춰 줘야 비로소 우리는 공간이 밝다는 기분을 느낄 수 있다.

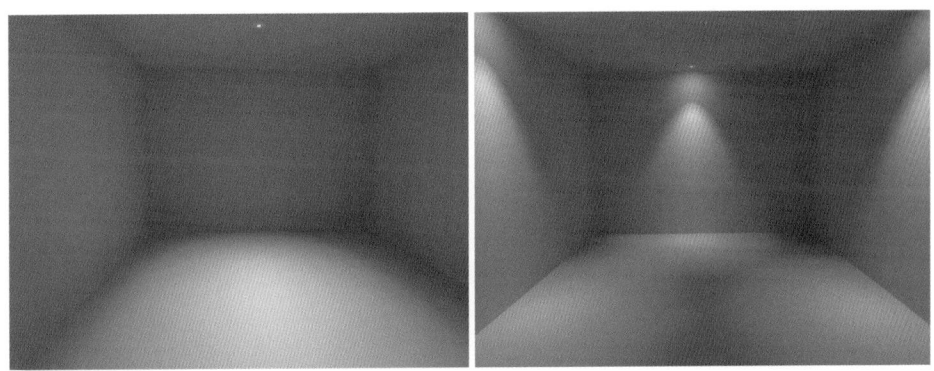

위 사진의 왼쪽처럼 다운라이트 3개를 중앙에 집중 배치한 경우, 바닥면은 밝지만 시야가 주로 닿는 벽은 어둡기 때문에 전체적으로 어두운 느낌이 든다. 위 사진의 오른쪽

처럼 다운라이트 3개를 벽 쪽으로 배치한 경우, 바닥면은 다소 어두운 감이 있지만 시야가 주로 닿는 벽이 밝아지기 때문에 전체적으로 밝은 느낌이 든다.

베플에 의한 2차 광원 때문에 벽에 지저분한 무늬가 그려지거나, 벽 쪽으로 조명을 가까이 붙일 경우 눈부심이 발생하는 등 여러 가지 이유로 벽에 산 모양 무늬가 그려지는 것을 싫어하는 사람도 많다. 이럴 경우 벽을 비추는 월워셔(Wall Washer)조명 또는 확산형 다운라이트를 시공한다거나 코니스(cornice) 조명 같은 건축화 조명으로 벽을 비추는 방법도 있다.

그보다는 앞서 소개한 글레어리스 다운라이트를 사용한다면 2차 광원 때문에 벽에 지저분한 빛이 그려지는 것을 방지할 수 있고, 벽에 닿는 거리를 조절한다면 눈부심을 줄일 수 있다. 다운라이트의 조사 각도와 벽과의 거리 등에 따라 다양한 모양의 산 모양 무늬가 그려지기 때문에 여러 가지 비교를 해보면서 취향에 맞는 조명 배치를 고민해 보는 것이 좋다. 벽에 산 모양의 무늬를 즐겨 넣는 이유는 장식적인 목적도 있지만 그보다 중요한 이유는 공간에 '흥미로운 명암'을 만들기 위해서다.

예제의 집의 컨셉이 휴식이기 때문에 어둑어둑한 밝기로 조명하여야 한다고 설명했지만 무조건 어둡게 만들라는 뜻은 아니다. 3장에서 우리의 눈은 밝고 어두움에 굉장히 민감하게 반응한다고 설명했는데, 인간의 눈은 특히 어두운 환경에서 미세한 밝기 차이를 감지할 수 있다. 이 때문에 공간의 다양한 단계의 어두운 톤이 존재한다면 우리는 좋은 기분이 들고 편안하고 고급스럽다는 느낌을 받을 수 있다. 반대로 단순한 계조와 거친 대비는 흥미 없는 공간이 연출되거나 자칫하면 공포 영화 같은 분위기의 장면이 연출될 수도 있다. 명암을 만들어낼 수만 있다면 산 모양 무늬뿐 아니라 어떠한 조명 연출도 상관없다. 주의할 것은 조명으로 벽에 무늬를 그릴 때는 같은 모양의 무늬만 만들게 아니라 다양한 명도의 톤을 만들면서도 기획 의도에 맞는 무늬를 그려야 한다.

단순한 계조의 어두움이 연출된다면 공포영화의 한 장면이 될 것이다.

-공간에서 실제 느껴지는 밝기는 조도가 아니라 휘도에 의해서 결정됩니다.
같은 세기의 조명을 벽에 비추어도 벽면의 색상이나 반사도,
소재에 따라 휘도가 달라지고 이에 따라 실제 밝기감이 결정됩니다.-

24장

활용도가 많은 식탁 조명

식탁의 조명은 인테리어 조명으로서도 중요하지만 기능적으로도 매우 중요한 조명이다. 앞서 소파의 예처럼 식탁에서 일어날 수 있는 여러 가지 씬 목록을 만들어 보겠다. 그전에 이 책에서 씬(Scene)이라는 단어를 자주 사용하고 있는데, 보통 영화 촬영이나 무대 연출에서 많이 사용하는 단어가 씬이다. 영화나 무대 연출을 제작할 때 극중 상황을 표현하거나 연기자의 감정을 표현하는데 있어서 조명의 역할은 중요하다. 여기서 사용되는 조명 연출의 기법은 가정집의 조명 연출에서도 그대로 사용되기 때문에 이 책에서도 자연스럽게 씬이라는 단어를 사용했다. 영화나 무대 연출에서 어떻게 조명을 배치할지에 대한 고민을 하고 각본을 짜듯이, 가정에서 일어날 수 있는 특정 상황을 정리하고 이에 맞는 조명 연출을 고민해야 한다.

예제의 가족에게 식탁의 주 활용 용도는 크게 3가지로 압축할 수 있다.

▶ 가족이 모두 모여 대화를 나누며 식사를 하는 시간
▶ 식탁 위에서 음식을 먹는 장소

▶ 요리가 취미인 아내가 완성된 요리를 식탁 위에서 사진을 찍기도 하고, 식탁 위에서 노트북으로 글쓰는 작업을 하는 테이블

 식탁이라는 공간은 그 공간에서 식사를 하는 용도로도 중요하지만, 요즘같이 가족이 한데 모이는 시간이 적은 현대인들에게는 온가족이 함께 모여 대화를 나누면서 교감하는 자리로서의 의미가 더 크다고 생각한다.
 식탁의 조명으로 많이 사용하는 펜던트 조명은 장식적인 효과도 있으면서 소파 옆에 배치했었던 플로어스탠드와 같은 역할을 한다. 얼굴톤과 비슷한 낮은 색온도의 램프를 장착하면 부드럽고 은은하게 비추는 램프의 조명이 자신과 가족들의 얼굴을 따뜻하고 호감 있는 인상으로 만들어줄 것이다. 펜던트를 설치할 때 식탁 중앙에 오도록 배치하면서 가족의 얼굴을 잘 비출 수 있는지를 체크하면서 펜던트의 높이를 결정하면 된다.

LDK 13

12번: [펜던트]	
색온도	3000k
램프형태	벌브형

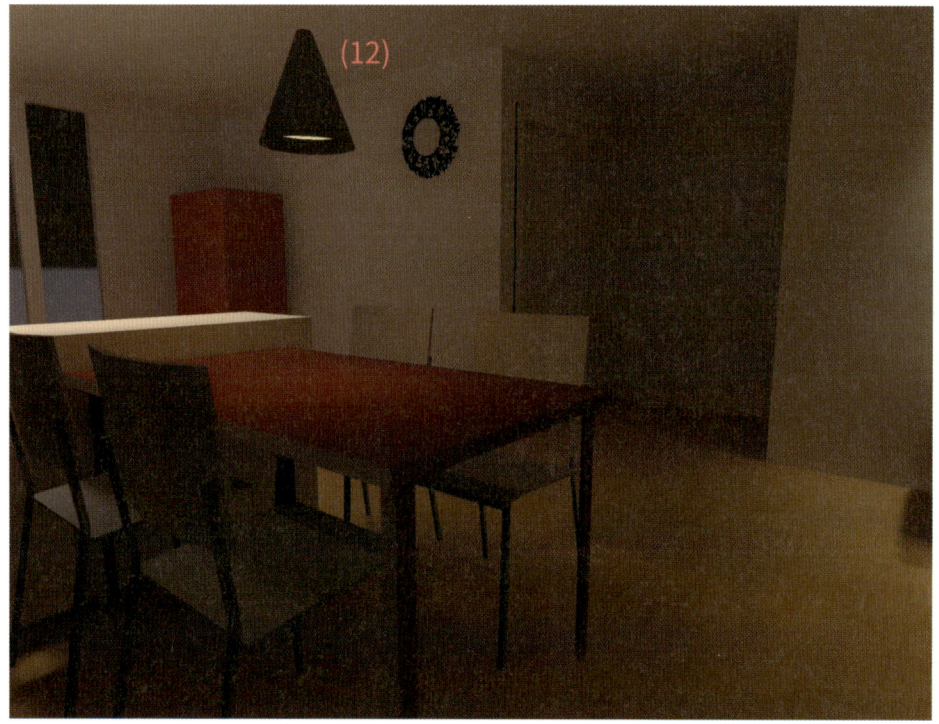

펜던트에 장착할 램프의 색온도는 소파 옆 플로어스탠드와 같은 3000K으로 선택했다. 특히 붉은 계열의 색온도 조명은 식탁 위에 음식을 맛있어 보이게 하는 효과도 있다.

펜던트 조명의 밝기는 식탁 위의 음식이 적당히 보이면서도 너무 밝지 않아야 한다. 식탁 위의 음식을 먹는 행위도 물론 중요하지만 그보다는 가족과 함께하는 소중한 시간의 분위기를 만드는 것이 더 중요하기 때문에 약간 어두운 밝기로 하는 것이 좋다.

펜던트의 디자인은 마음에 드는 디자인을 우선으로 고르되, 그래도 기왕이면 식탁에 둘러앉은 가족의 얼굴을 잘 비출 수 있는 형태의 펜던트 조명으로 선택한다. 얼굴을 비추는 조명으로 가장 이상적인 형태는 아래 사진과 같은 형태다. 펜던트는 위에서 아래쪽을 비추는 조명이기 때문에 펜던트의 램프가 직접적으로 얼굴을 향하는 방향이라면 가족들의 얼굴에 그림자를 드리울 것이다. 하지만 아래와 같은 형태의 펜던트 디자인이라면 직접적인 빛은 차단하고 기구의 위쪽 흰색 부분에 반사되어 나오는 간접 빛만이 얼굴에 닿기 때문에, 광량은 손해볼지라도 부드러운 빛을 제공하여 얼굴을 비추는 조명으로 적합하다. 그리고 직접적인 빛이 아니기 때문에 눈부심이 줄어드는 효과도 있다.

방송과 사진분야에서 인물에 부드러운 빛을 조명하기 위해 소프트박스라는 커다란 조명 액세서리를 사용한다.

소프트박스 장비

집에서 생활하는 시간이 많은 아내가 완성된 요리를 식탁 위에 놓고 사진을 찍거나, 식탁 위에서 각종 작업을 하는 경우가 많은데 이때 3000K 색온도의 식탁 펜던트 조명은 방해가 될 수 있다. 3000K의 색온도는 색상을 왜곡시켜 보이기 때문에 사진 촬영에 방해가 될 수 있고 밝기도 약하며 낮에 점등하는 조명으로는 어울리지도 않는다. 식탁등은 끄고 식탁 위에 올리고 사용하는 스탠드 조명을 사용한다든가 낮 시간에 켜는 천장 조명을 따로 두는 것이 좋다. 조명의 리모델링 공사를 할 때 기존의 사용하던 커다란 직부등을 떼 버리는 경우가 많다. 미관상으로는 기존 조명을 떼는 것이 좋지만, 스위치를 분리해 낮 조명으로 사용할 수 있고(대부분의 가정집에 기존에 사용하는 직부등은 5700K 색온도가 많고, 이는 낮에 켜는 조명으로 적합하다) 밤에도 밝은 조명이 필요할 때가 많다. 기존 직부등을 떼지 말고 겸용으로 사용하는 것이 활용도 면에서 좋다.

스위치회로가 분리된 직부등.

13번: [직부등]
색온도   5700k

-가족과 함께하는 저녁 식사는 무엇과도 바꿀 수 없는 소중한 시간입니다.-

25장

TV 시청과 현관 공간의 조명 포인트

　소파 맞은편 TV쪽 뒤에도 산무늬 모양을 넣기 좋은 위치다. 그리고 TV 시청을 할 때 TV 뒤쪽 배경이 어둡다면 눈이 금방 피로해지기 때문에 벽을 조명해 주어야 한다. 배경 조명을 제외한 나머지 조명은 끄고 시청하면 집중이 잘 되기 때문에 스위치 회로는 따로 분리하는 것을 추천한다.

LDK 15

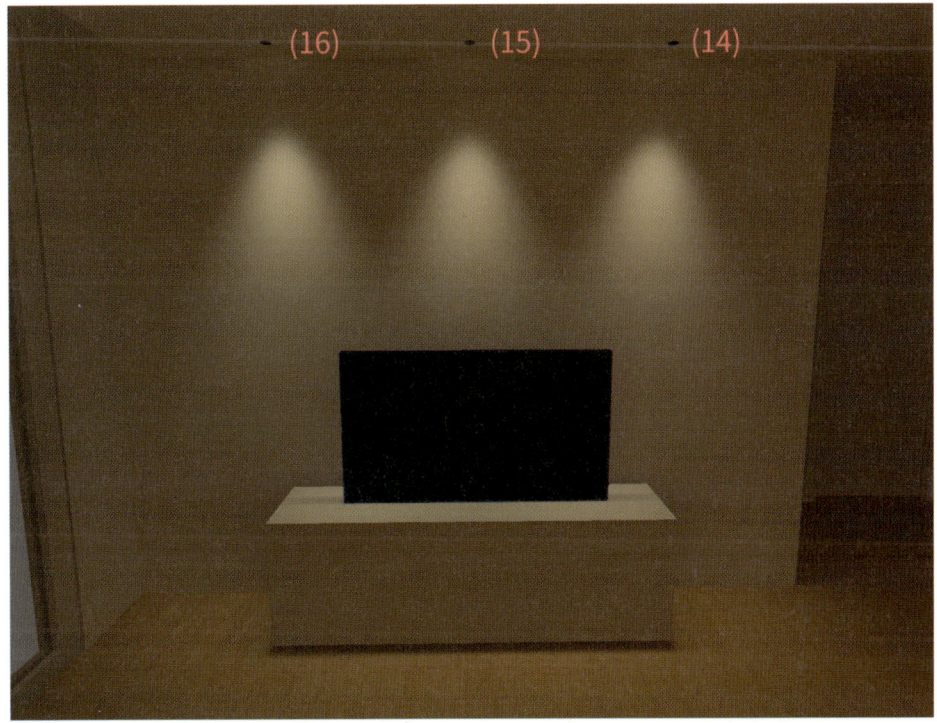

장식 요소인 산무늬 모양의 디자인을 신경 쓰면서 TV 시청에 간섭이 없는 위치에 조명을 배치하였다.

14번, 15번, 16번:
[글레어리스 다운라이트]

색온도	4000k
광량	230lm
빔각도	38°

TV 뒤쪽 산 모양 무늬는 소파 뒤쪽 산 모양 무늬보다 약간 더 어두운 톤으로 하였다. 장시간 TV 시청 시 눈이 피로해질 수 있기 때문에 약한 대비가 되도록 하기 위함이다. 그리고 공간의 다양한 단계의 어두운 톤을 만들기 위해 의도적으로 다른 밝기로 디자인하였다. 공간의 어두운 톤은 어두운 색의 가구나 장식 요소로도 만들어지지만 빛의 밝기를 조절함으로써도 만들어낼 수 있다. 소파 위쪽 다운라이트의 경우 TV 위쪽 다운라이트보다 더 높은 밝기의 다운라이트 제품을 사용하였고 거리도 약간 벽 쪽으로 더 가까이 붙여서 산 모양 무늬의 밝기를 높였다.

LDK 16

17번: [직부등]
색온도   4000k

예제에서는 확산형의 직부등(센서등)을 달아 주었다.

현관이 좁으면서 양옆이 흰색의 마감재이기 때문에 일종의 반사판 역할을 한다. 반사판 덕에 손님을 배웅할 때 서로의 얼굴에 부드러운 빛이 떨어지기 때문에 좋은 인상을 남기게 해 줄 것이다.

이제 남은 부분은 시선이나 분위기, 취향 등을 생각하면서 나머지를 채우는 조명으로 완성하면 된다. 5장에서 말했듯이 인간은 밋밋한 주변 환경에 놓이면 스트레스를 받는다. 실외에 있을 때는 주변 환경이 시시각각 변한다. 하늘에는 해와 구름이 계속 이동하고 바람이 불면 가벼운 것들은 바람에 나부낀다. 사람, 동물, 벌레, 강물, 바닷물, 낙엽 등의 색상, 형태, 명암이 끊임없이 변화한다. 그런데 실내로 들어오면 거의 모든 것이 정지 상태에 있다. 새로운 물건을 들이거나 가구 등을 이동하여 잠시 기분 전환을 시킬 수는 있지만 그것도 잠깐이다.

지루한 디자인이 되지 않으려면 전체적으로 통일성 있으면서도 요소요소에 변화를 줌으로써 리듬감 있는 연출이 필요하다. 리듬감은 주로 음악 분야에서 쓰이는 용어지만, 사람의 주목을 끌고 집중을 유도해야 하는 거의 모든 분야에서 중요한 요소다. 음악은 물론 화술, 마케팅, 영화 연출, 디자인, 이야기 구조 등 다양한 분야에서 리듬감 있는 구성에 공을 들인다. 인간은 생각보다 지루함을 잘 견디지 못하며, 잠시라도 주목하게 만들려면 시퀀스 하나하나에 리듬감을 담아야 한다. 조명 디자인 역시 리듬감 있는 연출이 필요하다. 조명기구 디자인, 빛의 밝기, 색온도, 빛의 높이, 빛의 모양을 조금씩 바꾸는 것으로 리듬감을 줄 수 있다. 자칫 너무 많은 변화는 되려 산만함을 줄 수 있으므로 이를 조절하는 감각도 필요하다. 얼마나 조절해야 할지는 이것을 디자인하는 설계자의 섬세함과 경험에 달려 있다.

식탁 한쪽에서 바라본 시선이다.

LDK 공간에서 중요한 시선 중 하나는 식탁에 앉아 있을 때 식탁을 비추는 조명도 중요하지만 앉아 있는 사람이 바라보는 방향의 배경도 중요하다. 시선에서 보이는 침실과 욕실쪽 입구에 아직 조명이 없어 어둡기 때문에 이 위치에 다운라이트 하나를 배치해 보겠다.

LDK 18

식탁에 앉은 사람의 시선에 다양한 어두운 톤을 만들기 위해 배경에는 없는 톤이 되도록 다운라이트의 위치를 조절했다. 위치를 조절하며 무늬가 시작되는 높이가 낮게 그려지면서 리듬감도 있게 연출되었다.

18번:
[글레어리스 다운라이트]

색온도	4000k
광량	1531lm
빔각도	49°

LDK 19

식탁의 다른쪽에서 바라본 시선이다.

다른 2개의 침실 입구 쪽과 왼쪽 주방의 벽 쪽이 어둡기 때문에 다운라이트 2개를 배치해 보겠다.

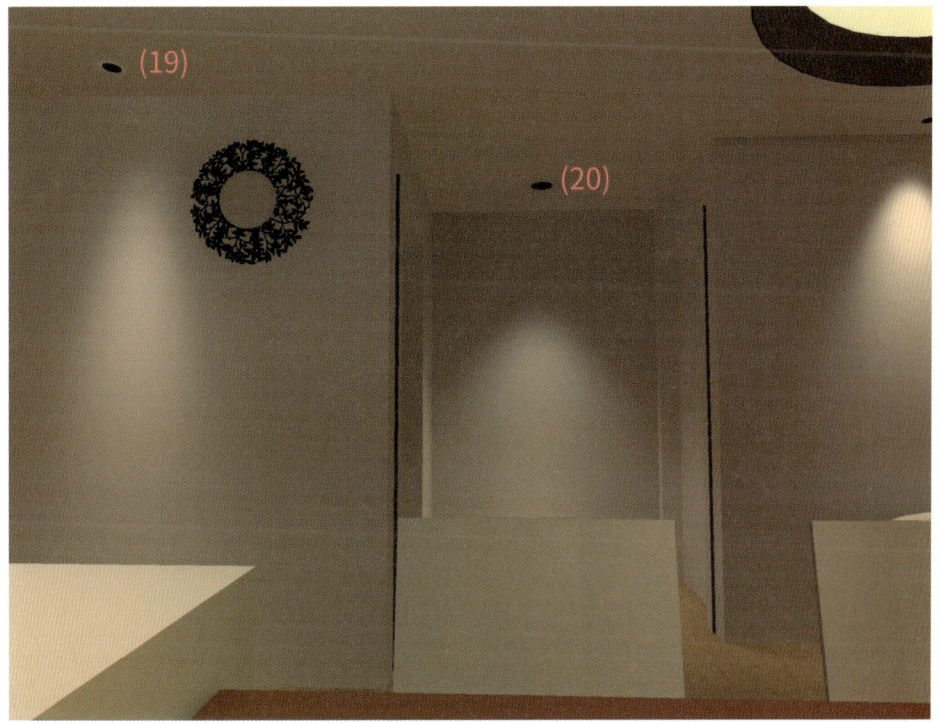

소파 뒤쪽의 산 모양 무늬가 밝은 톤이기 때문에 침실 입구 쪽의 다운라이트는 그보다 어두운 톤의 빛이 나오면서 넓은 빔 각도의 조명을 배치했다. 주방 벽 쪽의 조명은 가장 어두운 톤을 가져가면서 빔 각도가 적은 조명을 사용해 무늬의 모양을 변화시킴으로써 리듬감을 주었다.

19번:	20번:
[글레어리스 다운라이트]	[글레어리스 다운라이트]
색온도　4000k	색온도　4000k
광량　　490lm	광량　　1531lm
빔각도　24°	빔각도　49°

LDK 21

거실 쪽에서 바라본 주방이다.

발코니로 나가는 문 오른쪽으로 어두운 부분이 보이기 때문에 이쪽에 다운라이트 1개를 배치해 보겠다.

LDK 22

주방 쪽 조명은 이제 더 추가할 것이 없는 것 같다.

21번:
[글레어리스 다운라이트]

색온도	4000k
광량	565lm
빔각도	39°

주방 쪽에서 바라본 거실이다.

발코니로 나가는 문 커튼 박스에 조명을 달고 커튼을 치면 간접 조명 역할을 한다.

LDK 24

커튼박스에 간접등을 설치한 예.

LDK 25

위에서 내려다본 거실 모습이다.

바닥 쪽 어두운 부분에 조명을 추가로 채워 넣어 보겠다. 흥미로운 음영이 만들어지도록 하면서도 빛의 세기를 달리해 리듬감이 느껴지도록 조명을 잘 배치하여야 한다.

LDK 26

22번:
[글레어리스 다운라이트]

색온도	4000k
광량	565lm
빔각도	39°

23번, 24번:
[글레어리스 다운라이트]

색온도	4000k
광량	490lm
빔각도	24°

다운라이트 3개를 추가 배치했다.

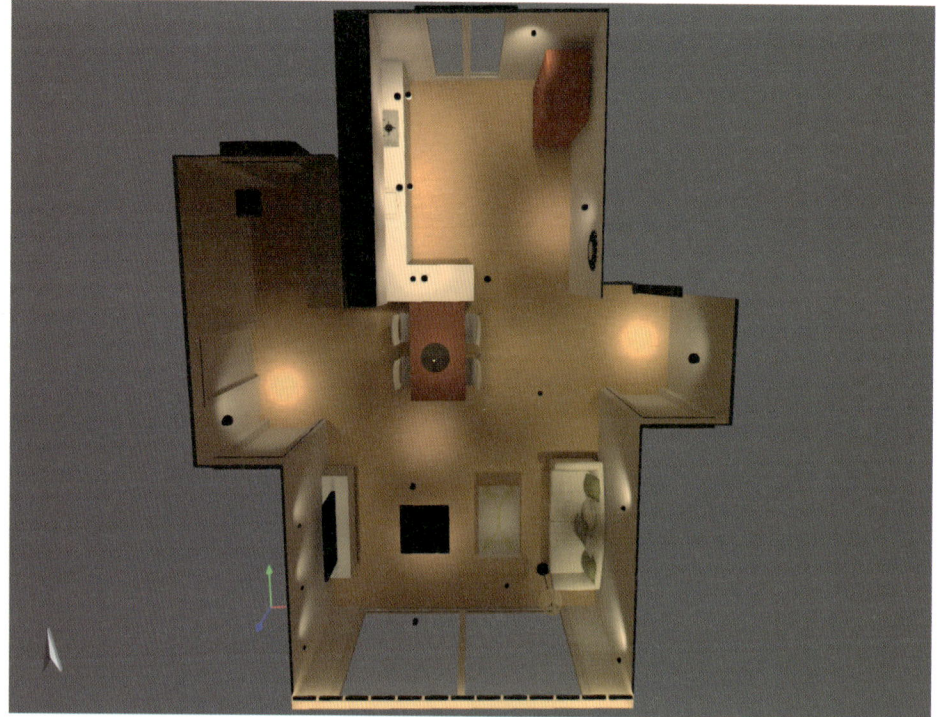

조사 각도가 넓은 다운라이트와 조사 각도가 좁은 다운라이트, 빛의 세기가 강한 다운라이트와 빛의 세기가 약한 다운라이트, 이들을 적절히 섞어서 조명을 배치한다면 바닥에도 흥미로운 음영이 생기면서도 리듬감이 느껴지도록 빛을 연출할 수 있다.

이로써 LDK와 현관의 조명 배치가 끝났다.

-현관은 손님을 맞이하고 배웅하는 공간이기도 하지만,
가족들 간에도 매일 맞이하고 배웅하는 애틋한 공간입니다.
작은 공간이지만, 이곳을 조금 더 신중히 조명해 보세요.-

26장
침실의 조명은 낮은 색온도로

예제의 가족에게 침실1은 주로 부부의 수면과 휴식 공간이다. 그리고 집에 있는 시간이 많은 아내가 낮에 잠깐 쉬거나 화장대에서 화장을 하는 장소다.

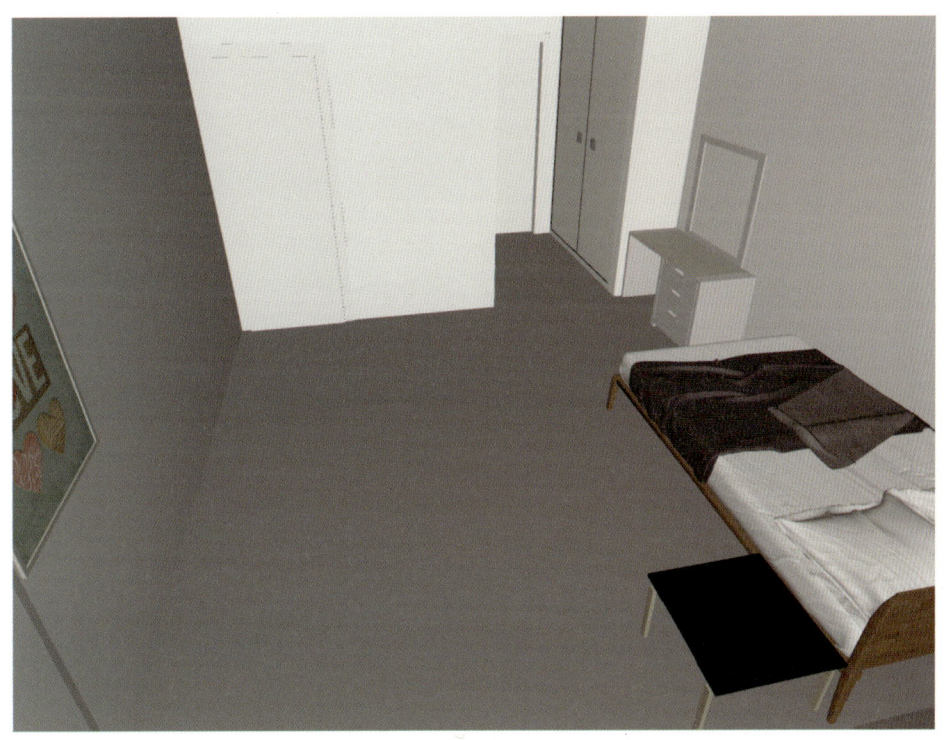

침실 1-1

1번: [직부등]
색온도   5700k

(1)

거실과 마찬가지로 침실1에 기존에 달려있던 조명을 재사용할 것이다.

저녁의 조명으로 낮은 색온도를 사용해 잠이 잘 오게끔 만드는 조명 설계도 중요하지만, 해가 뜨는 아침에는 밝은 빛을 받아야 우리 몸이 활동을 시작하는 신호임을 감지하고 각성 상태에 들어가게 된다. 만약 아침에 적정한 양의 빛을 보지 못한다면 잠에 깨어 있다 해도 우리 몸의 생체 리듬은 아직 잠을 자는 상태와 다름없다. 아침에 각성 상태가 되는 시간이 늦어진다면 이 시간에 맞추어 저녁에 멜라토닌이 분비되는 시간도 늦춰지기 때문에 결국은 수면 장애의 원인이 된다. 아침에 잠에서 확실히 깰 수 있도록 커튼을 젖히는 등 밝은 빛 환경을 만들 필요가 있다. 만약 침실이 햇빛이 잘 들지 않는 방위(方位)이거나, 집 구조의 특징상 어쩔 수 없이 빛이 잘 들지 않는 환경이라면 높은 색온도를 가진 밝은 조명이라도 점등하여 아침을 시작하는 것이 좋다.

LDK에서 메인 조명의 색온도가 4000K이었다면 침실1의 메인 조명의 색온도는 3000K로 정하였다. 수면을 돕는 호르몬인 멜라토닌의 분비는 4000K 색온도보다는 3000K 색온도에서 더 원활히 분비가 되고 밝기도 거실보다는 더 어두워야 한다. 그리고 광원의 높이는 가급적이면 낮게 위치하도록 한다. 침대 쪽은 휴식을 위해 어둡기도 해야 하고 다운라이트가 천장에서 보이면 눈부심이 일어나기 때문에 침대 쪽은 테이블스탠드나 간접 조명 위주의 조명을 사용하도록 한다.

침실 1-2

2번: [테이블스탠드]
색온도   2700k

침대 옆 협탁에 작은 테이블스탠드 하나를 배치히였다. 잠자기 직전 독서를 하기 좋은 밝기의 램프를 사용하도록 한다.

침실 1-3

3번:
[글레어리스 다운라이트]

색온도	3000k
광량	531lm
빔각도	39°

방문 쪽에 다운라이트 1개를 배치하였다.

방문이 모서리 쪽에 있기도 하고 모서리 부분 우선으로 다운라이트를 배치한다. 모서리 쪽에 배치하면 최소한의 조명으로 벽에 빛을 많이 비출 수 있기 때문이다. 다운라이트의 위치를 미세하게 조정하여 산 모양 무늬의 높이와 밝기, 외곽선의 농도를 조정할 수 있다.

침실 1-4

4번:	
[글레어리스 다운라이트]	
색온도	4000k
광량	565lm
빔각도	39°

액자 위로 산 모양이 그려지도록 하여 액자를 조명하는 다운라이트를 배치하였다.

액자의 그림이 고가의 장식품이라면 미술품을 조명하는 전용조명을 사용하는 것이 좋다. 안방에서 하이라이트라 생각되는 영역이기에 조명의 색온도를 메인 색온도인 3000K 대신 4000K으로 바꾸고 밝기도 가장 밝도록 벽쪽으로 가까이 붙여 주었다.

침실 1-5

5번:
[글레어리스 다운라이트]

색온도	3000k
광량	193lm
빔각도	38°

방금 배치한 2개의 다운라이트 사이에 한 개의 다운라이트를 더 배치해 주었다.

산 모양의 높이를 달리하여 리듬감을 주면서도 다양한 어두운 톤을 만들어 주어야 함을 잊지 말아야 한다.

침실 1-6

화장대 위쪽에 다운라이트 1개를 배치해 주었다. 이 조명은 코너 부분과 화장대 자체를 돋보이기 위해 배치한 조명이지 아내가 화장을 할 때 사용하는 조명은 아니다.

6번:
[글레어리스 다운라이트]

색온도	3000k
광량	193lm
빔각도	38°

시뮬레이션으로 구현하지 않았지만 조명이 달린 화장대를 설치한다면 아래쪽 사진과 같은 방식의 조명이 화장을 하기 위한 조명으로 적합하다. 여러 방향에서 조명이 비추어야 얼굴 전체의 정확한 피부톤을 확인할 수 있다. 조명의 색온도는 피부색과 메이크업 색상 표현이 가장 정확한 색온도인 5000~5500K가 적당하다.

7번:	
[글레어리스 다운라이트]	
색온도	3000k
광량	531lm
빔각도	39°

드레스룸 욕실 입구 쪽에 조명을 1개 배치하였다.

옷장 가운데로 빛이 비추면 보기 좋겠지만 이 위치에 배치하면 욕실 입구 문 쪽으로 빛이 거의 비추지 않는다. 조명을 2개 배치할 수도 있지만 조명을 최소화하는 방법으로 결정하였다.

침실 1-8

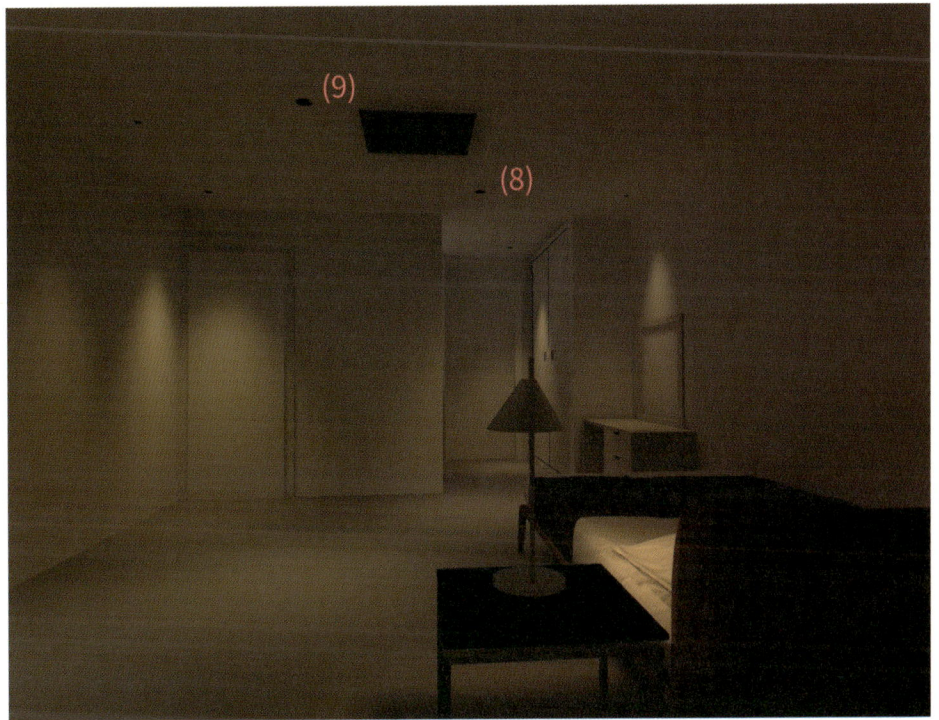

마지막으로 바닥 부분의 음영을 지우기 위해 2개의 조명을 배치하였다.

8번, 9번:
[글레어리스 다운라이트]

색온도	3000k
광량	758lm
빔각도	36°

침실 1-9

침실1의 조명 배치가 끝났다.

-전구색 조명을 눈이 침침하다는 등의 이유로 싫어하시는 분도 많습니다.
하지만 조명의 색온도는 단순한 취향에 따라 선택하는 기호품이 아닙니다.
나와 가족의 건강을 위해서라도 권장하는 색온도를 먼저 사용해 보고,
도저히 적응이 되지 않는다면 그때 가서 다운라이트를
다른 색온도의 제품으로 바꾸는 것도 어렵지 않습니다.-

27장

아이들 방의 조명은 이것이 달라야 한다

아이들 방은 어떤 조명이 필요할까? 아이들은 어른에 비해 활동이 왕성하기도 하고, 공부하는 데 도움이 되도록 밝은 조명을 켜는 집이 많다. 아이들이 공부를 할 수 있게끔 환경을 조성하는 것은 물론 중요한 일이다. 하지만 집에서는 아이가 충분히 휴식을 취하고 다음 날 학교든 학원에서든 집중을 할 수 있게 하는 것이 더 중요하다고 생각한다. 아이 스스로 집에서 공부하길 원한다면 기존에 달린 밝은 직부등과 책상에 데스크 스탠드를 켜 놓고 공부를 할 수 있게끔 한다. 공부할 때를 제외하면 평상시에는 제시간에 수면에 들 수 있도록 도움을 주는 조명에서 생활하도록 하는 것이 좋다. 그리고 성장기에 있는 아이들에게는 수면 중에 성장 호르몬이 많이 나오므로 질 좋으면서 충분한 휴식을 취하는 것이 무엇보다 중요하다.

침실 2-1

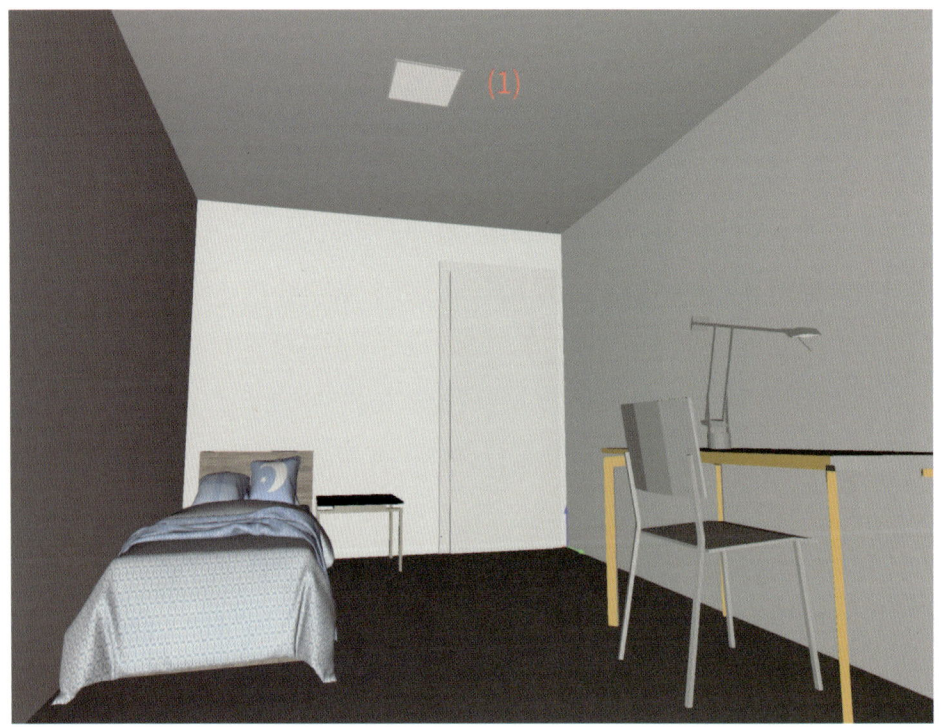

침실2(아들방)의 기존에 달려있는 직부등을 재사용하고, 책상에는 데스크 스탠드를 놓아주었다. 데스크 스탠드는 색온도 변환 기능이 있는 제품의 사용을 권장한다.

1번: [직부등]

색온도　　5700k

침실 2-2

침대 옆 협탁에 테이블스탠드를 놓아주었다. 잠들기 전 독서 습관을 들이는 것이 중요하다.

2번: [테이블스탠드]
색온도   2700k

침실 2-3

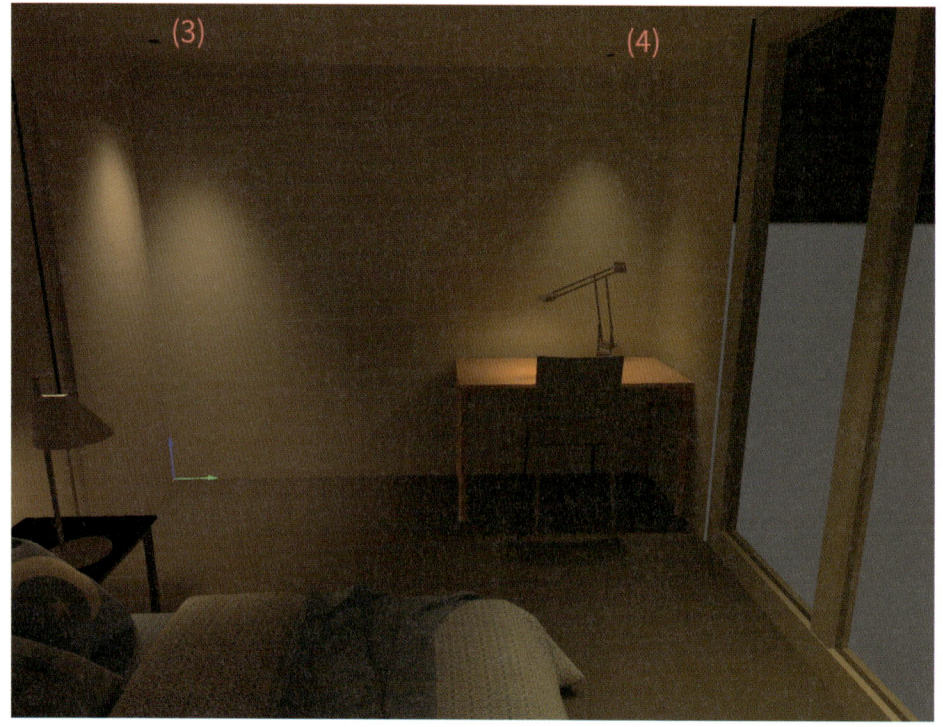

방문 앞과 책상 쪽 코너 부분에 다운라이트 2개를 배치하였다.

3번:
[글레어리스 다운라이트]

색온도　3000k
광량　　531lm
빔각도　39°

4번:
[글레어리스 다운라이트]

색온도　3000k
광량　　193lm
빔각도　38°

침실 2-4

침대 쪽을 제외한 나머지 코너 부분에도 다운라이트 1개를 배치하였다.

5번:
[글레어리스 다운라이트]

색온도	3000k
광량	531lm
빔각도	39°

침실 2-5

방이 작기 때문에 다운라이트 1개 추가로 벽의 음영과 바닥의 음영을 동시에 지워 주었다.

6번:
[글레어리스 다운라이트]

색온도 3000k
광량 531lm
빔각도 39°

침실 2-6

침실2의 조명 배치가 끝났다.

침실 3-1

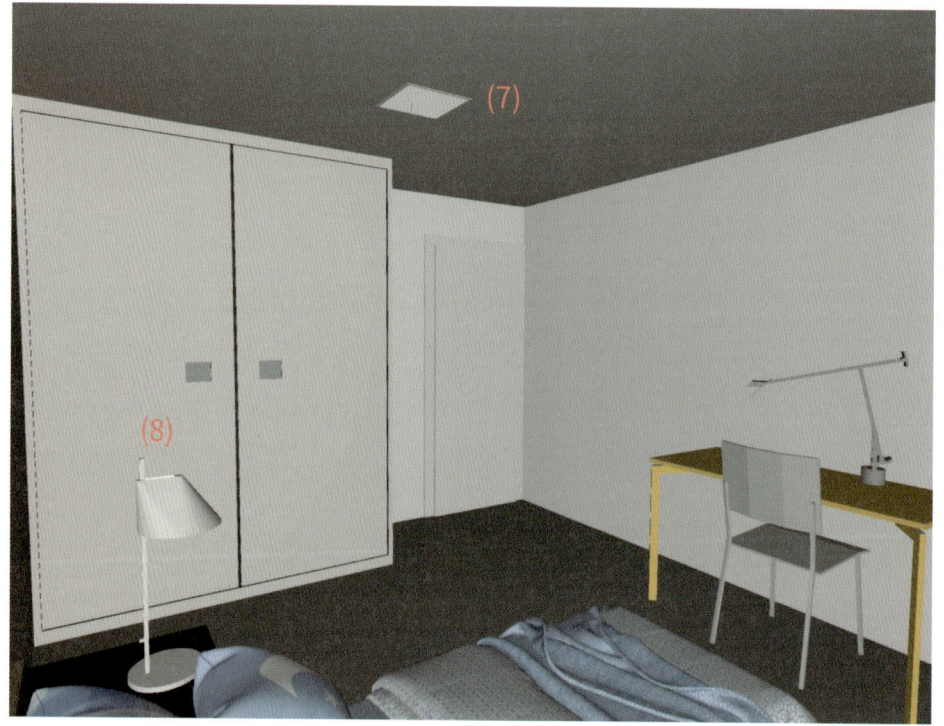

침실3(딸방) 역시 기존에 달려 있는 직부등을 재사용하고, 책상에 데스크스탠드와 침대 옆 협탁에 테이블스탠드를 놓아주었다.

7번: [직부등]	8번: [테이블스탠드]
색온도 5700k	색온도 2700k

침실 3-2

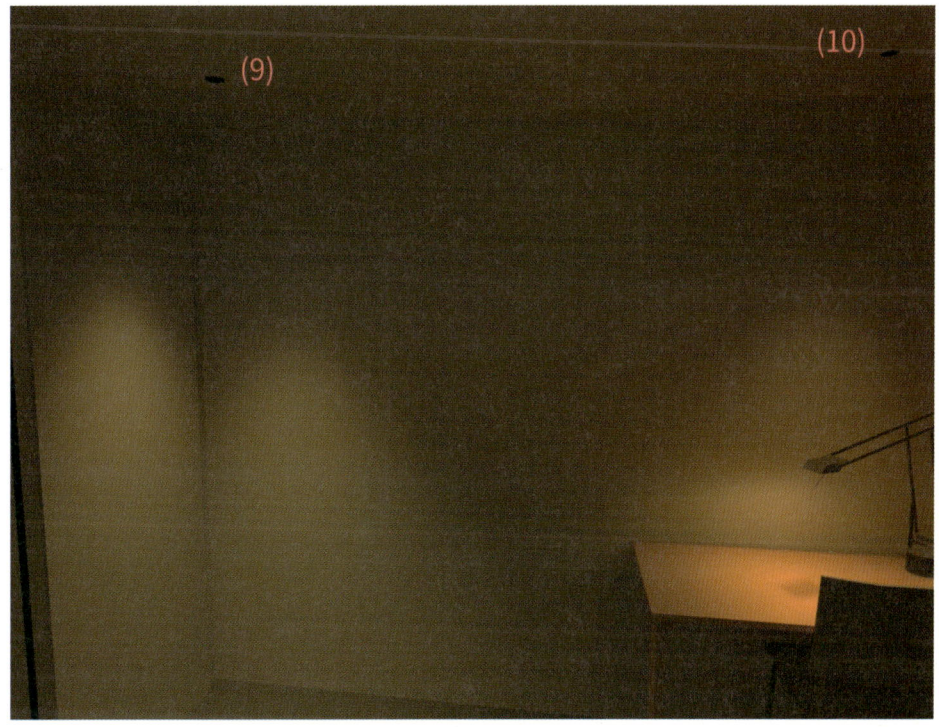

방문 앞과 책상 쪽 코너 부분에 다운라이트 2개를 배치하였다.

9번: [글레어리스 다운라이트]	10번: [글레어리스 다운라이트]
색온도　3000k	색온도　3000k
광량　　531lm	광량　　193lm
빔각도　39°	빔각도　38°

침실 3-3

벽 쪽 중앙에 음영을 지우는 다운라이트 1개를 배치하였다.

11번:
[글레어리스 다운라이트]

색온도	3000k
광량	531lm
빔각도	39°

침실 3-4

12번: [펜던트]
색온도　　3000k

방 중앙에 펜던트 1개를 배치하였다.

아이들 방에 공부하는 환경을 만드는 것도 중요하지만, 그보다는 아이들이 호기심을 일으키고 상상력을 자극하는 방의 분위기를 만드는 것도 중요하다. 벽과 천장에 다양한 무늬를 만들어내는 펜던트를 달아 준다면 아이들의 호기심과 상상력을 자극시켜 두뇌 활동을 활발하게 만들어 줄 것이다. 예제에서 사용한 펜던트 대신에 무드등 종류의 조명도 괜찮고, 이외에도 아이의 상상력을 자극시킬 수 있는 조명 제품이 시중에 많이 있다.

침실 3-5

침실3의 조명 배치가 끝났다.

-아이들은 각자 저마다의 꿈을 꿀 권리가 있습니다.
아이들의 꿈을 응원해 주세요!-

28장

욕실과 발코니 조명

욕실의 크기가 크다면 욕실과 화장실이 분리되어 조명을 달리 구성해 보겠지만 예제와 같이 작은 크기의 욕실의 경우엔 어쩔 수 없이 한 공간처럼 조명을 설계할 수밖에 없다.

욕실 1

1번: [매입형 사각]
색온도 3000k
광량 1729lm
방습형

욕실은 습기가 자주 차는 공간이기 때문에 방수 등급(IP55 이상)이 있는 조명을 사용하여야 한다.

욕실은 개인의 위생을 점검하는 공간이기도 하다. 거울 앞쪽으로 얼굴의 피부톤과 같은 색온도의 조명을 배치해 준다면, 혈색을 확인하는데 도움을 줄 것이다.

욕실 2

샤워기 앞쪽으로 추가 조명을 배치해 준다.

2번: [매입형 원형]

색온도　　3000k
광량　　　1375lm
방습형

욕실 3

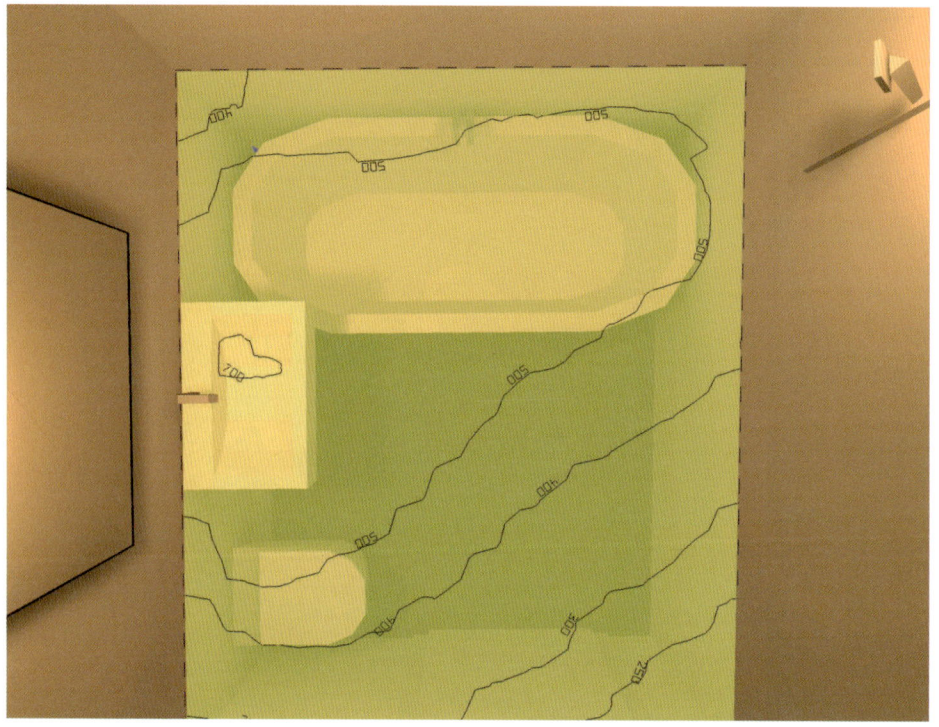

욕실은 마감재가 미끄럽고 물기가 많은 공간이기 때문에 밝기를 확보해야 한다. 계산 결과를 확인해 보니 세면대와 샤워기 앞으로 충분한 조도가 확보되었다.

욕실 4

비슷한 구조의 안방과 연결된 욕실에도 조명 2개를 배치하였다.

3번: [매입형 사각]	3번: [매입형 원형]
색온도 3000k 광량 1729lm 방습형	색온도 3000k 광량 1375lm 방습형

욕실 5

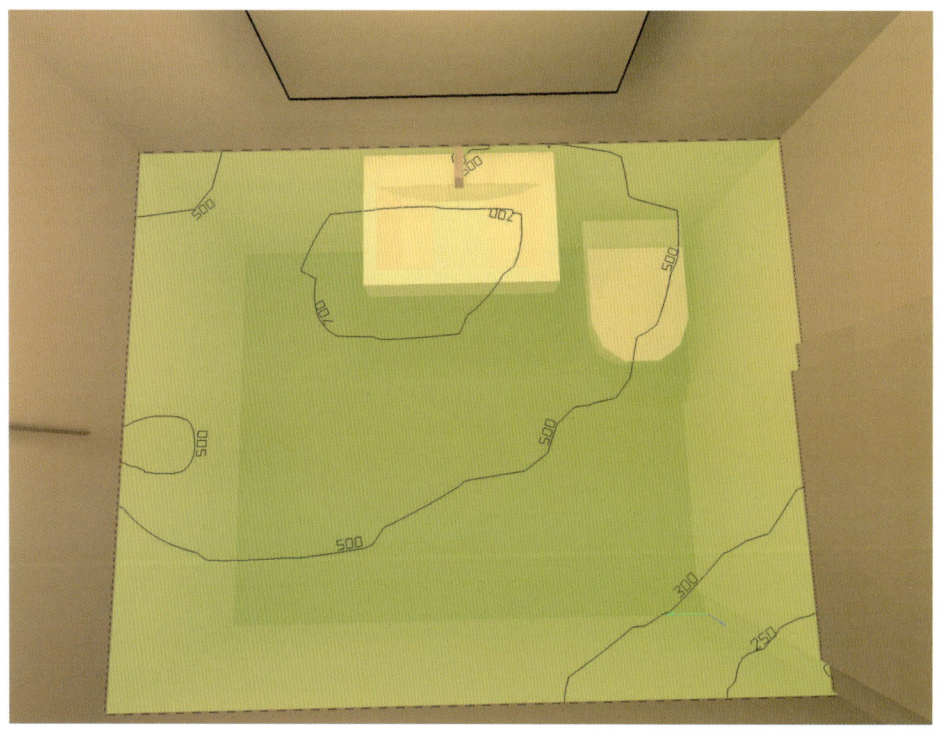

세면대와 샤워기 앞으로 충분한 조도가 확보되었다.

발코니 1

평상시에 발코니 전체 조명을 켜기보다는 그림과 같이 화분이나 장식 요소 등을 향해 조명을 비춰 준다면, 거실에서 볼 때 은은하면서도 공간이 확장되는 느낌을 준다.

-욕실만 들어가면 왜인지 더욱 멋져 보이는 나,
욕실은 구조상 얼굴을 예쁘게 조명하는 데 적합한 환경인 집이 많습니다….
네, 그렇습니다.-

29장

자연광까지 고려한 조명계획

2월 어느 날 창문을 통해 들어오는 빛을 시뮬레이션한 모습이다.
왼쪽 상단부터 시계방향으로 각각 8시, 11시, 14시, 17시.

조명 인테리어 공사를 계획할 때 밤에 어두움을 밝히기 위한 인공조명만을 생각하기 쉬운데 낮 시간 채광창을 통해 들어오는 자연광의 빛도 일종의 조명이다. 그래서 낮 시간 공간에 드리우는 빛의 제어에 관해서도 함께 계획을 하여야 한다. 다음 사진들은 맑은 날 낮 시간에 집안으로 들어오는 빛을 시뮬레이션한 것이다. (앞을 가리는 건물이 없고 서울의 남향 집 기준)

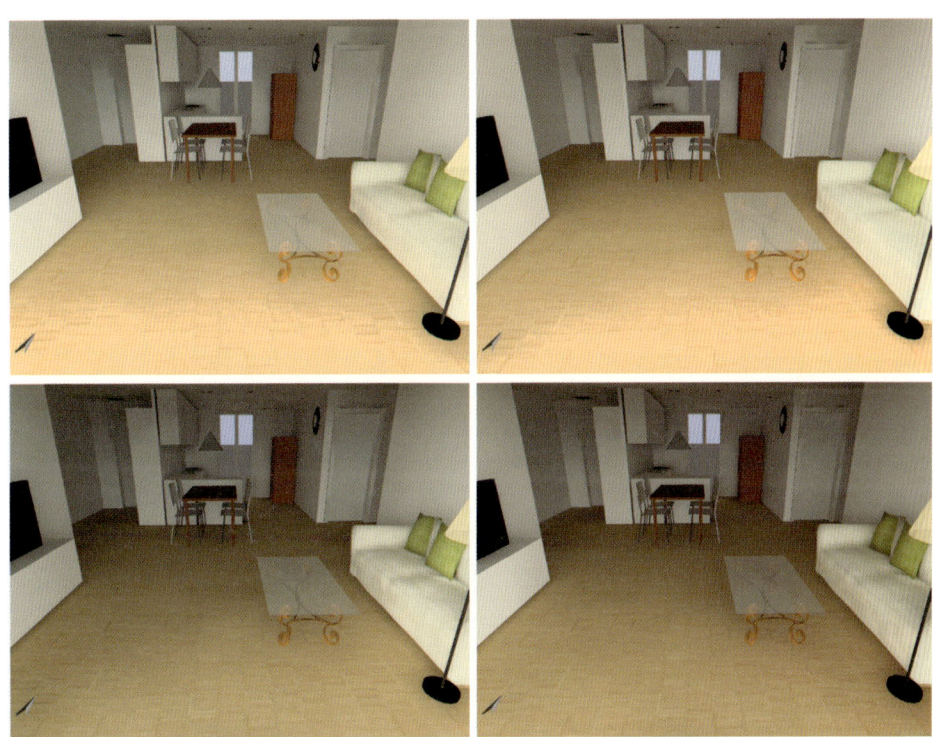

5월 어느 날 창문을 통해 들어오는 빛을 시뮬레이션한 모습이다.
왼쪽 상단부터 시계방향으로 각각 8시, 11시, 14시, 17시.

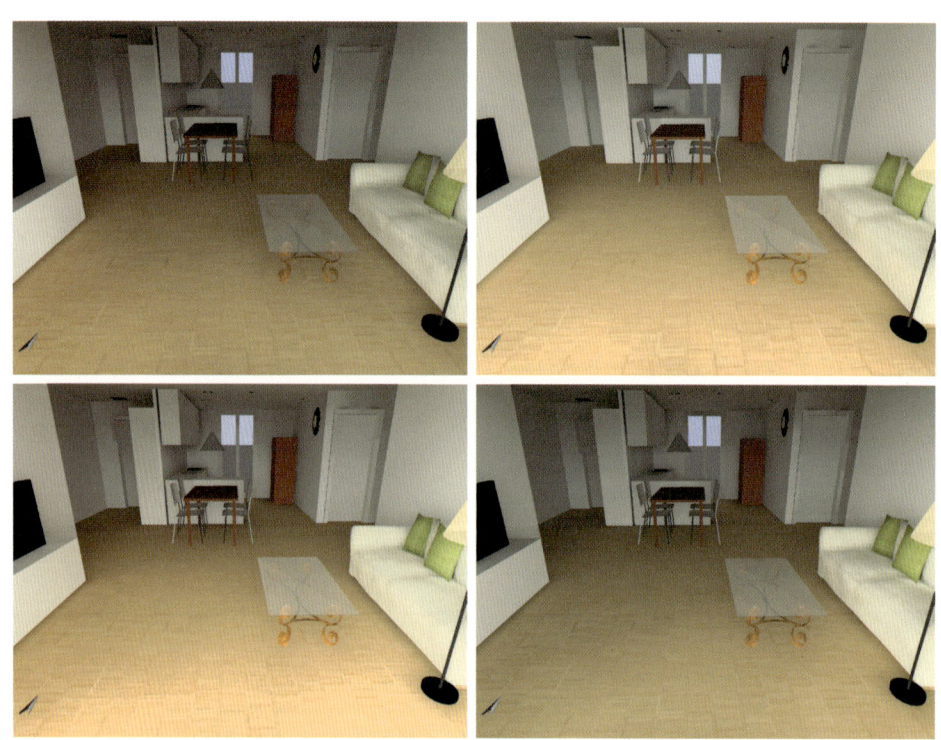

8월 어느 날 창문을 통해 들어오는 빛을 시뮬레이션한 모습이다.
왼쪽 상단부터 시계방향으로 각각 8시, 11시, 14시, 17시.

11월 어느 날 창문을 통해 들어오는 빛을 시뮬레이션한 모습이다.
왼쪽 상단부터 시계방향으로 각각 8시, 11시, 14시, 17시.

계절마다 또 시간마다 집으로 유입되는 빛의 모양과 세기가 달라진다. 이 점을 고려하여 낮 동안 빛이 부족한 곳은 조명을 추가 배치하거나 빛이 너무 많이 들어오는 곳은 커튼이나 블라인드 설치를 고려한다.

예제의 집의 경우 남향의 집이라 2월과 11월 이즈음 태양의 고도가 낮아 빛이 집의 깊숙한 곳까지 들어온다. 이런 경우 눈부심을 발생시키고 상대적 대비로 인해 오히려 집의 안쪽은 더 어둡다고 느껴질 수 있다. 커튼을 달아 빛을 부드럽게 만들거나 블라인드를 달아 빛을 제어하는 것이 좋다. 침실1과 침실3의 경우 거실처럼 남향의 채광창이 있기 때문에 거실과 같은 빛 계획을 세우면 된다. 북향의 채광창이 있는 부엌이나 침실2의 경우 4계절 내내 빛이 많이 들지 않기에 거실과는 달리 채광창을 꼭 가릴 필요는 없다.

만약 집에서 활동하는 시간이 많은 경우 어느 방향으로 채광창이 나 있는지가 중요하다.

▶ **북쪽 창이 있는 공간**의 경우 직사광이 실내로 거의 들어오지 않기에 차분한 공간이 필요한 경우에 알맞다. 서재로 활용한다거나 차분하면서 집중력이 필요한 작업을 하는 공간으로 적당하다.

▶ **남쪽으로 창이 나 있는 경우** 태양의 고도가 낮은 계절엔 낮 시간 내내 햇빛이 공간에 드리우며 다양한 빛의 형태를 보여준다. 밝으면서 활력이 필요한 작업이 이루어지는 공간의 경우 남쪽으로 창이 있으면 좋다. 예를 들면 집에서 단순 반복 작업을 하는 일이 많은데 빛이 거의 들지 않는 북쪽으로 채광창 나 있다면 하루 종일 밋밋한 주변환경으로 인해 지루함을 느끼기 쉽다. 시시각각 빛의 연출이 달라지는 남향으로 채광창이 있는 작업 공간이라면 지루함을 덜어주고 밝은 작업 공간을 제공해줄 것이다. 외출을 자주 못하는 가족이 있는 경우라면 집에서 햇빛을 자주 볼 수 있는 공간이 더욱 필요하다.

▶ **동쪽으로 창이 있는 경우** 아침에만 잠깐 많은 빛이 들어오고 하루 종일 북쪽 창이 있는 공간처럼 차분한 공간이다. 주로 아침형 스타일이거나 아침에 활력 있게 시작하고 싶은 경우 동쪽 창의 공간이 적당하다. 26장에서 아침에 적정한 양의 빛을 보지 못한다면 잠에 깨어 있다 해도 우리 몸의 생체 리듬은 아직 잠을 자는 상태와 같

다고 설명했었다. 아침잠이 많아 잘 못 일어나는 습성을 가진 경우 동쪽 창이 있는 공간을 침실로 사용하면 좋다.

▶ **서쪽 창의 공간**의 경우 낮 시간 동안 빛이 많이 들지 않다 해가 질 무렵 직사광이 창문으로 깊숙이 들어온다. 노을을 잘 볼 수 있으며, 이때 창문으로 들어오는 빛의 색온도도 낮기 때문에 감수성을 충족시키기에 좋은 시간이다. 주로 예술적 취향을 가지고 있는 사람이 서쪽으로 창문이 있는 공간을 사용하는 것이 좋다.

이상으로 예제의 조명 디자인을 완성하였다.

-낮의 창문을 통해 들어오는 자연광,
야간에 상가나 이웃 또는 가로등을 통해 침범하는 불빛,
전자제품이나 장식장에서 새어 나오는 불빛 등 의도치 않게
낮과 밤을 밝히는 불빛은 모두 제어가 필요한 일종의 조명입니다.-

5부_단계별 조명 인테리어 따라가기

30장
조명 시공 및 유지보수

조명제어방법 결정

조명 시공에 앞서 조명의 제어 방법을 결정해야 한다. 최근 관심이 높아지고 있는 IOT 조명 시스템을 도입한다면 무선으로 밝기를 조절하거나 색온도를 조절할 수도 있고, 페이드 인(조명이 서서히 점등하는 기능) 등의 기능을 사용할 수 있다. 하지만 6장에서 설명했듯이 IOT를 지원하는 조명의 가격은 생각 외로 비싸며, 가격은 둘째 치고 다른 여러 가지 이유로 아직은 시기상조라고 생각한다.

IOT플랫폼 제품

① IOT 시스템을 구축하려면 어떤 회사의 IOT플랫폼을 사용할 것인지 신중히 결정해야 한다. 플랫폼을 선택하는 순간 플랫폼을 운영하는 회사의 생태계에 발을 들이는 것과 마찬가지이기 때문이다. 아직 IOT 시장이 초기 단계라 어떤 플랫폼을 사용할지 결정하기가 쉽지 않다.

② IOT 제품을 다루는 기술자가 많지 않아 A/S가 필요한 상황이 발생했을 때 기술지원을 받기가 어려울 수 있다.

③ 다운라이트의 경우 여러 회사 제품들의 특색이 저마다 다르다. 각각의 다운라이트 제품마다 장단점이 있기 때문에 선택의 폭을 넓게 가져가야 원하는 조명 디자인을 할 수 있다. 그런데 시중에 있는 조명 중에 IOT 기능을 지원하는 제품은 한정적이므로 다운라이트의 선택의 폭이 좁아질 수밖에 없다. 기술보다는 빛의 품질이 우선되어야 한다고 생각한다.

④ IOT 조명이 시공된 집의 소유주가 바뀔 경우 기존 설정된 시스템 세팅을 바꿔야 하는 번거로움이 있다.

색온도 변경이 꼭 필요하다면 변경할 색온도의 조명을 추가적으로 설치하고, 밝기 조절이 필요하다면 스위치 회로를 분리해 제어하는 것이 IOT시스템을 구성하는 것보단 비용 면에서 훨씬 저렴하다.

조명 스위치/회로 구성 결정

스위치를 몇 개로 분리할 것인지, 또 회로는 어떻게 제어할 것인지 미리 결정해야 한다. 현장 상황에 따라 변경해야 할 수도 있기 때문에, 시공 당일 날 전기 기술자와 충분히 상담을 나눈 뒤 결정하도록 한다.

조명기구 발주

시공에 필요한 조명기구 리스트를 체크하고 발주한다. 조도 센서나 동작 감지기가 필요한 조명을 미리 검토해야 한다. 현관 조명의 경우 조명을 구입할 때 동작 감지기 모듈을 같이 구입한다. 해외 배송을 하는 경우 통관 절차를 미리 검토하고 주문해야 한다.

전기공사팀 섭외 및 공사

시공 날짜를 정하고 모든 준비가 끝났다면 조명을 설치해 줄 전기 공사팀을 섭외해야 한다. A/S를 대비해서 거주지 근처에 오랜 기간 영업을 해 온 조명 가게에 공사 문의를 하거나, 조명 시공을 전문으로 하는 규모 있는 업체에 의뢰하는 것을 추천한다. 천장을 타공할 때 먼지가 꽤 떨어지므로 보양 작업을 해주는지 미리 문의해 본다. 시공 당일 다운라이트가 타공될 위치에 미리 표시를 해 둔다면 전기 공사 작업이 한층 수월하게 진행된다. 공사를 진행할 때 조명기구의 방향과 높이, 간격 등을 꼼꼼히 체크한다.

유지보수

조명을 뗀 자리에 다른 조명을 설치하지 않는다면 벽지에 얼룩이 보인다. 얼룩이 심하지 않다면 그냥 두어도 생활하면서 많이 신경 쓰이진 않는다. 얼룩이 거슬린다면 전체 도배나 부분 도배를 진행한다.

조명을 사용하는 동안 꾸준한 관리가 필요하다. 조명기구의 밝기가 현저히 떨어지지는 않았는지 주기적으로 체크하고 먼지가 많이 쌓여 있다면 먼지를 닦아 주는 것만으로도 밝기가 개선된다.

-전기공사도 셀프에 도전하시는 분이 많습니다.
배선 작업을 할 때에는 차단기를 꼭 내리고
안전에 유의하여 전기를 다루어야 합니다.-

31장
그 밖에 고려해야 할 조명 설계

풋라이트

밤에 일어나 화장실에 갈 때 불을 켠다면 불빛에 잠이 달아나는 경우가 있다. 그렇다고 불을 켜지 않으면 넘어질 위험이 있다. 센서 형태로 동작하는 풋라이트를 침대 밑부분에 달아 주면 좋다.

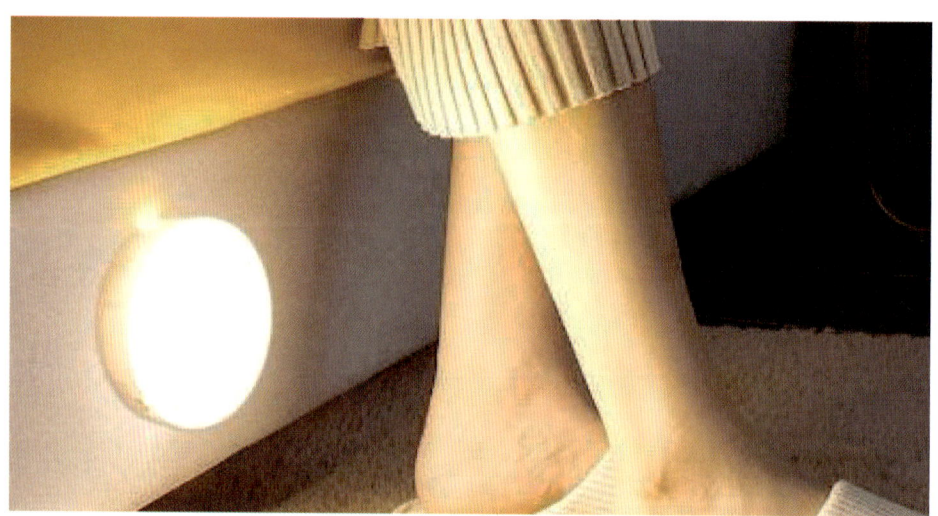

고령자를 위한 조명

 나이가 많은 가족 구성원이 있다면 더더욱 신경 써서 조명을 계획해야 한다. 노화된 눈은 밝기 변화에 적응하기 어렵기 때문에 다른 영역으로 이동 시 조명 대비를 줄여야 한다. 그리고 조도가 센 1개의 조명보다는 적절한 조도의 조명을 여러 개 사용한 조명 디자인이 필요하다. 60세 사람은 30세 사람보다 평균 30~50% 더 높은 조명 수준이 필요하고 백내장 등 다른 추가적인 요인까지 고려한다.

밝기에 대한 오해

 앞서 여러 차례 언급하였지만 집의 조명으로 너무 밝은 조명은 지양하고 오히려 어둑어둑한 분위기가 필요하다. 그럼에도 많은 사람들이 밝은 조명에 대한 미련을 버리지 못한다.

 밝은 조명의 미련을 버리지 못하는 또 하나의 분야가 있다. 그것은 사람 얼굴을 향해 비추는 뷰티 조명이다. 뷰티 조명은 여러 방향에서 얼굴 쪽으로 많은 빛을 보내는 조명이다. 밝기, 해상도를 높임으로써 색상과 형태를 명확하게 볼 수 있고 명암의 대비는 약해져 얼굴에 주름이 옅어 보이는 효과를 가져온다. 얼핏 보기엔 더 어려 보이고 예뻐 보이는 착시효과를 낳지만 이는 자연스러움과는 거리가 멀다. 그리고 얼굴에 입체감이 없어지기 때문에 뷰티 조명을 받은 얼굴들은 이전에 어디선가 본 듯한 얼굴이 될 수밖에 없고, 이는 결국 나 자신의 개성을 잃어버리는 것과 같다.

 공간을 밝게 비추는 것도 이와 다르지 않다. 조명을 밝게 하면 색상과 형태를 명확하게 보이게 하므로 잠깐은 공간이 예뻐 보이는 착시효과를 가져온다. 하지만 명암의 대비가 약해져 밋밋한 공간 연출이 되어 버리고 공간이 가진 개성을 잃어버리게 된다. 이런 공간에 계속 머무르면 우울한 감정까지 불러일으킨다. 이 책을 이해하면서 잘 따라

왔다면 인간에게 명암의 중요성을 누구보다 잘 알게 되었으리라 믿는다. 공간에서 명암의 대비는 심오한 감성을 보여 줄 수 있는 하나의 장치다.

-내가 보는 조명의 밝기와 느낌이 다른 사람에게는
다른 밝기와 느낌으로 다가올 수 있다는 것을 항상 기억하세요.
서로 이해하고 배려를 할 때 좋은 빛의 공간이 완성됩니다.-

맺음말

　인류의 역사가 시작되면서부터 고개만 들면 밤하늘에는 당연히 별이 빼곡히 보였었다. 지금처럼 빛공해로 밤하늘의 별이 잘 안 보이게 된 것은 불과 1세기 남짓밖에 되지 않는다.

　반 고흐는 그의 대표작 '별이 빛나는 밤'에서 서정적인 밤의 풍경을 그려 많은 이들의 사랑을 받는 화가이다. 반 고흐와 비슷한 시기 활동했던 소설가 알퐁스 도데도 그의 서정적인 단편소설 '별'로 많은 사랑을 받았다. 소설가 생텍쥐페리는 작은 별에서 순수함을 간직한 채 살아가는 어린왕자의 이야기로 역시 많은 사랑을 받았다. 이들 작품들 모두 별을 소재로 한 작품들이다. 시간이 많이 흘렀음에도 이들 작품들이 많은 사랑을 받으며 회자되고 있는 것은, 밤하늘의 별이 아직도 동경의 대상으로 남아 있기 때문이라 생각한다. 밤하늘의 별을 이제는 보기 힘들어진 추억거리 정도로 치부하지 말았으면 한다.

　밤하늘의 별은 단순한 풍경을 넘어, 경외와 숭배의 대상이자 평온과 위안을 주는 존재였다. 또한 밤하늘의 다양한 빛들은 사람들의 호기심을 일으키고 상상력을 넓혀, 수많은 예술 작품과 문학 작품의 영감을 주었다.

　이제 도시에서 육안으로 별을 보는 것은 어렵다. 밤하늘에 별을 보기 위해서 모든 인공조명을 동시에 꺼버리는 일도 현실적으로 불가능하다. 아이들이 있는 집에서는 다양한 빛의 형태를 보여주는 조명 인테리어를 기획하여 아이들의 호기심과 감수성을 키워주어야 한다. 어른들의 욕심으로 빼앗아 버린 아이들의 가슴속의 별을 이렇게라도 제자리에 돌려놓아야 한다.

이 책을 집필하면서 들었던 한 가지 확실한 생각은 「인공조명이 발달하면서 얻게 된 빛보다 발달로 인해 잃어버린 빛이 더 많다.」는 것이다. 그렇지만 아직 늦지 않았다. 이 책을 읽은 독자 중에 누군가가 작은 별의 씨앗을 심어 줄 것이라 생각한다. 그리고 언젠가 먼 훗날 밤하늘의 별이 다시 빼곡하게 보여지는 상상을 해 본다.

이 책이 만들어지기까지 도움을 주신 출판사의 관계자 여러분께 감사 인사를 드리며, 언제나 뒤에서 묵묵히 응원해 주고 믿어주는 나의 아내 현경에게도 고맙다는 말을 남긴다.

빛을 알면
조명 인테리어가 쉬워진다

ⓒ 김태두, 2025

초판 1쇄 발행 2025년 11월 28일

지은이 김태두
펴낸이 이기봉
편집   좋은땅 편집팀
펴낸곳 도서출판 좋은땅
주소   서울특별시 마포구 양화로12길 26 지월드빌딩 (서교동 395-7)
전화   02)374-8616~7
팩스   02)374-8614
이메일 gworldbook@naver.com
홈페이지 www.g-world.co.kr

ISBN 979-11-388-4984-5 (03540)

- 가격은 뒤표지에 있습니다.
- 이 책은 저작권법에 의하여 보호를 받는 저작물이므로 무단 전재와 복제를 금합니다.
- 파본은 구입하신 서점에서 교환해 드립니다.